当代职业教育与教学管理研究

李 贞◎著

北京工业大学出版社

图书在版编目（CIP）数据

当代职业教育与教学管理研究 / 李贞著. —北京：北京工业大学出版社，2022.12
ISBN 978-7-5639-8569-2

Ⅰ. ①当… Ⅱ. ①李… Ⅲ. ①职业教育－教学管理－研究－中国 Ⅳ. ①G719.2

中国版本图书馆CIP数据核字（2022）第248845号

当代职业教育与教学管理研究
DANGDAI ZHIYE JIAOYU YU JIAOXUE GUANLI YANJIU

著　　者：李　贞
责任编辑：李　艳
封面设计：知更壹点
出版发行：北京工业大学出版社
　　　　　　（北京市朝阳区平乐园100号　邮编：100124）
　　　　　　010-67391722（传真）　bgdcbs@sina.com
经销单位：全国各地新华书店
承印单位：北京银宝丰印刷设计有限公司
开　　本：710毫米×1000毫米　1/16
印　　张：11.5
字　　数：230千字
版　　次：2022年12月第1版
印　　次：2022年12月第1次印刷
标准书号：ISBN 978-7-5639-8569-2
定　　价：60.00元

版权所有　翻印必究

（如发现印装质量问题，请寄本社发行部调换 010-67391106）

作者简介

李贞,女,1978年10月出生,湖南省岳阳市人,毕业于南华大学,医学硕士学位,现任岳阳职业技术学院医学院院长,副研究员。研究方向:职业教育,教育管理。主持并完成省级以上课题两项,参与省级课题十余项,主编、参编各类著作、教材六部,发表论文十余篇。

前　言

随着我国教育体制的不断改革与创新，教育制度日趋完善。职业院校在不断进行教学管理改革的过程中，教育教学管理问题日益凸显出来。为解决当代职业教育教学管理工作中存在的问题，学校管理人员应坚持以学生为本的理念，通过创新教学管理模式、内容等，提升职业教育教学管理的创新水平。

全书共七章。第一章为当代职业教育概述，主要阐述了职业教育的概念界定、当代职业教育体系与基本理念、当代职业教育的基本特征、当代职业教育的主要规律、当代职业教育的培养目标等内容；第二章为当代职业教育的现状与发展，主要阐述了职业教育的发展背景、当代职业教育的现状、当代职业教育的发展动力、当代职业教育的发展趋势等内容；第三章为国外职业教育的经验与借鉴，主要阐述了国外职业教育体系、国外职业培训体系、国外职业教育质量保障体系等内容；第四章为当代职业教育教学基本理论，主要阐述了当代职业教育的教学目标、当代职业教育的教学内容、当代职业教育的教学过程、当代职业教育的教学方法、当代职业教育的教学模式等内容；第五章为当代职业教育教学组织设计，主要阐述了当代职业教育教学的组织和当代职业教育教学的设计等内容；第六章为当代职业教育教学管理，主要阐述了当代职业教育教学管理机制、当代职业教育教学管理原则、当代职业教育教学管理内容等；第七章为当代职业教育教学师资队伍建设，主要阐述了职业教育教师的角色与压力、当代职业教育教师的能力结构、当代职业教育教师的素质结构、当代职业教育教学师资队伍建设目标、当代职业教育教学师资队伍建设策略等内容。

在撰写本书过程中，笔者借鉴了国内外很多相关的研究成果以及著作、期刊、论文等，在此向相关学者、专家表示诚挚的感谢。

由于本人水平有限，书中有一些内容还有待进一步深入研究和论证，在此恳切地希望各位读者朋友予以斧正。

目 录

第一章 当代职业教育概述 ·· 1
- 第一节 职业教育的概念界定 ·· 1
- 第二节 当代职业教育体系与基本理念 ···························· 12
- 第三节 当代职业教育的基本特征 ·································· 15
- 第四节 当代职业教育的主要规律 ·································· 17
- 第五节 当代职业教育的培养目标 ·································· 21

第二章 当代职业教育的现状与发展 ·································· 28
- 第一节 职业教育的发展背景 ·· 28
- 第二节 当代职业教育的现状 ·· 30
- 第三节 当代职业教育的发展动力 ·································· 42
- 第四节 当代职业教育的发展趋势 ·································· 43

第三章 国外职业教育的经验与借鉴 ·································· 48
- 第一节 国外职业教育体系 ··· 48
- 第二节 国外职业培训体系 ··· 70
- 第三节 国外职业教育质量保障体系 ······························· 80

第四章 当代职业教育教学基本理论 ·································· 83
- 第一节 当代职业教育的教学目标 ·································· 83
- 第二节 当代职业教育的教学内容 ·································· 86
- 第三节 当代职业教育的教学过程 ·································· 89
- 第四节 当代职业教育的教学方法 ·································· 94
- 第五节 当代职业教育的教学模式 ·································· 106

第五章　当代职业教育教学组织设计 …… 118
第一节　当代职业教育教学的组织 …… 118
第二节　当代职业教育教学的设计 …… 122

第六章　当代职业教育教学管理 …… 127
第一节　当代职业教育教学管理机制 …… 127
第二节　当代职业教育教学管理原则 …… 138
第三节　当代职业教育教学管理内容 …… 142

第七章　当代职业教育教学师资队伍建设 …… 146
第一节　职业教育教师的角色与压力 …… 146
第二节　当代职业教育教师的能力结构 …… 153
第三节　当代职业教育教师的素质结构 …… 157
第四节　当代职业教育教学师资队伍建设目标 …… 159
第五节　当代职业教育教学师资队伍建设策略 …… 160

参考文献 …… 175

第一章　当代职业教育概述

职业教育是我国教育体系的重要组成部分，近年来，我国已进入以职业教育高质量发展为主要趋向和以高素质技术技能人才带动经济社会高质量发展为主要特征的发展阶段。推进职业教育高质量发展是促进民族地区经济社会高质量发展的战略支点。本章分为职业教育的概念界定、当代职业教育体系与基本理念、当代职业教育的基本特征、当代职业教育的主要规律、当代职业教育的培养目标五部分。

第一节　职业教育的概念界定

一、职业教育的内涵

职业教育顾名思义就是与职业有关的教育、对从事职业有益的教育，但不同国家对职业教育有不同的理解和做法。在中国，职业教育的内容是法定的，有全国人大制定的《中华人民共和国职业教育法》，以及其下的各种行政法规。中国的职业教育包括中等职业教育和高等职业教育，中等职业教育机构包括职业高中、中等职业专门学校、技工学校等；高等职业教育机构为高等职业学校，其名称大多称为学院或学校。不久前开始有本科层次的高等职业学校，但为数尚少。职业教育是采用专门学校教育或职业培训的方式，对受教育者进行职前教育、职中提高及职后培训，以传授专门职业或职业群需要的文化知识、基本理论、专门技能和劳动态度，培养企业一线所需初、中、高级技能型人才为主要目标的一种就业教育。

职业教育的内涵可分为两个层次：第一是立德，即教其为人。现代社会的人首先要有基本的品德，包括人生观、价值观、伦理道德、个人修养等，做一个有益于或至少无害于社会的人，作为职业教育，立德当然也包括职业道德教育。第二，需要传授从事各种职业的知识。经过漫长的历史积累，人类建构了庞大复杂的知识体系，包含了数千万年无数代人对自然、社会及其发展演变和规律的认识，是全人类体力和智力活动的结晶。近代以来，人类知识体系的发展不断加快，几次科学革命、技术革命、产业革命和工程演进形成了巨大、复杂、精细并且日新月异的知识体系。显然，要完全掌握整个知识体系对个人来说是不可能的，只能选择一些基础的、共性的知识，并构成一个相对完整的体系来授予、学习。其中有每个人都需要学习的共同部分，同时结合各类职业的特点选择一些专门类型的知识来教授。当然，通用和专门都是相对的，其宽度和深度也都是相对的，由于其不同的宽度和深度就分出了不同的学科、专业类型和不同的教育层次。

二、职业教育的起源

在清代洋务运动时期，为了适应洋务工业发展的需要，清政府提出了"中国传统价值观辅之以西方现代管理"的政策，尝试通过后，政府对教育也进行了改革，如左宗棠在福建省成立福州军舰制造局技术培训学校，李鸿章在上海成立的江南制造局中的学堂，均可称为"企业教育"。1904年，晚清政府颁布了"癸卯学制"，将企业教育正式纳入学校教育制度，且与普通教育呈现平行体系，此时职业教育已渗透到农业、工业和商业等领域，实践技能培训也被正式纳入学校教育体系。1922年，中华民国北洋政府提出"壬戌学制"（又称六三三学制），这是继奎卯教育制度之后的新学制。企业教育更名为职业教育，可以分为两类：一个是职业教育机构，如职业学校和专业工作技能培训学校；另一个是独立的职业教育机构，并与普通教育机构合并。所有职业学校都采用较为灵活的教育制度，上学时间是不固定的，学生可以自己决定在学校待多久。因此，职业教育是随着经济、科技的进步而发展的。中国的宏观制度环境经历了从计划体制到市场体制、从封闭体制到开放体制、从总体主导到技术治理的转变。在教育政策方面，中国的教育治理模式也经历了权力控制、特殊治理和项目集中化阶段。20世纪90年代末，政府逐渐加强了财政控制，特别是财政转移支付，以控制地方政府税费的征收，并将其纳入财政预算体系。随着财政体制中"省级权力的集中"，国家教育体制下的招生配额制度、以官员考核和问责为中心的绩效考核制度、官僚人事权力制度，以及国际评价指标的教育排名制度，已经在国家层面上形成结构，这些制度机制直接影响职业学校的转型路径的发展。

我国职业教育组织的演变经历了四个阶段：从传统工厂学徒制发展到国家技能培训中心的现代学徒制，再到现代职业教育阶段和应用技术大学的建设阶段。第一阶段是计划经济体制下的单位学徒制，主要存在于工厂学徒期。技能培训中心主要依靠国家为国有企业服务，重点为国有企业员工提供技能培训以及大专和中专教育。在此期间，建立起了一批职业技术学校，职业教育体系在全国范围内也受到重视。第二阶段，即20世纪90年代，传统工厂学徒制的技能转让出现了危机。根据劳动用工制度改革、国有企业重组和扩大教育招生的政策，国家鼓励发展中专学校以及技术学校，并增加其入学人数。在国家协调下，技能培训中心已转型升级为国家公办中等和高等职业院校。第三阶段，适应于"中国制造2025"的现代职业教育发展。国家教育政策采用项目制（示范学校建设）来支持高职院校的发展。第四阶段，职业教育发展战略提出了构建中国应用技术大学体系的政策。在两校转型和高职院校升级的基础上，国家加强技能培训学院建设，逐步形成应用型技术大学在国家高等教育体系中的建设序列。

中国的教育治理多采用自上而下的教育管理框架，即政府在治理过程中占据主导地位。因此，我们主要关注职业教育治理观念的转变以及从国家的角度如何来看政策的趋势。在计划经济体制向市场经济体制转轨的背景下，我国职业教育的政策理念发生了一系列变化。职业教育政策包括政策理念、政策体系与实施、政策灵活性、政策的社会效应等。职业教育政策内容包括教育财政制度、教育行政管理制度、教育人事制度、教育绩效评价制度等。对职业教育的认识和教育治理理念已成为我国职业教育的政策理念。从中国职业教育政策演变的角度来看，它经历了工厂学徒制的发展期、恢复与调整期、蓬勃发展期、市场衰退期和产业转型升级的复兴期。这些职业教育政策的变化和转变主要源于国家职业教育观念的变化。根据职业教育概念演变的国家政策逻辑，将职业教育政策发展阶段分为学徒阶段（1949年至1978年）、职业学校建立阶段（1979年至1999年）、教育扩展和高等教育普及阶段（1999年至2003年）、中央和省级项目方案阶段（2004年至2015年）、技术大学建设阶段（2015年至今）。

第一，现代学徒制的"勤工助学"概念。在现代学徒制的总体规划下，国有企业已成为劳动者的主要培训机构，并积极从事技能培训。学徒制是内部技能形成的主要形式，在中国企业的技能积累和创新中发挥着重要作用。1958年，国际社会提出了"两种教育制度和两种劳动制度"的概念。在农村建立了农业中学，该中学的学生是"半农半学生"，这一政策理念源于德国基于学校和企业培训双重制度的职业教育双重制度。新中国成立后，中国的技能培训模式主要是"工厂学徒制辅以技工学校"，大多数技工学校采用工读模式。

第二，职业教育作为普通高等教育的补充。经历改革开放后，教育主管部门调整了单一的中等教育主体结构，大力发展技工学校，改变了工厂学徒培训技能的传统方式。发展和扩大职业教育是为了补充高等职业教育的剩余部分，解决就业和失业问题。

第三，建立高等职业教育体系。中国职业教育经历了一个发展缓慢的时期，国家已经意识到产业结构的转型升级需要为社会培养高端技能劳动力。为了提高职业教育水平，一些中等职业学校已经转变为高等职业学校，高等职业院校已经升级。在职业教育改革过程中，国家大力倡导培养高端技能型劳动力。

第四，市场改革与国家干预的辩证关系。国家一直在探索减少职业教育财政投入的途径，鼓励多元化办学，倡导企事业单位和社会各界共同办学，发挥企业和行业办学的力量。资金投入的减少引发了职业教育特别是中等职业教育水平趋势下降。由于高职院校的先天劣势、市场需求少以及学历的贬值，中等职业学校的学生教育质量下降，国家政策层面逐渐意识到职业教育固有的不足之处。在政策方面，市场机制与政府干预需要寻求适当平衡，逐步转向更多依靠政府干预，注重均衡发展。

第五，普通岗位与高职院校办学理念的平衡发展。面对国内高端技能人才的短缺，国家依靠行政控制，政策导向更多是关于衡量标准和数量，重要性远高于职业教育人才培养，这将不可避免地导致技能供应与需求之间的偏离。对于高职院校，国家主要通过项目制支持部分高职院校，倡导弥合通识教育与职业教育的差距，加强校企合作和产学研结合。

第六，多元社会政策的目标和应用技术大学的概念。国家通过公共财政投入不断渗透职业教育，并通过行政任务指导和计划将一些社会政策目标下达给职业教育学校，从而使职业学校的培养目标多样化。

三、职业教育的使命

教育的使命是育人，职业教育的使命则是造就适应职业需求、适应各种职业岗位的人才。职业教育作为类型教育，有其自身的规律。对职业教育的使命，应有更具象的理解和更准确的描述。

第一，符合党和国家重大部署，符合党的教育方针。党的十九届五中全会提出，要统筹发展和安全两件大事，并作为制定国民经济和社会发展第十四个五年规划和二〇三五年远景目标的一条基本原则。习近平总书记指出，安全和发展是一体之两翼、驱动之双轮。统筹发展和安全，增强忧患意识，做到居安思危，是我们党治国理政的一个重大原则。

第二，能够有效激发学生学习的主动性，有效提升组织对职业教育的关注度。在现行招生体制和社会文化环境下，大部分学生因学习成绩而选择职业教育，少有学生出于兴趣爱好而选择职业教育。职业学校部分学生存在个人学习能力不强、学习习惯不好等问题,如何激发学生的学习积极性和主动性一直是教师关注的问题。

第三,符合职业教育的规律,有利于引导职业教育科学发展。职业教育课程中,专业知识的学习、操作技能的训练,都是为了学生毕业后能够规范工作,从而确保个人、装备、系统和组织的安全。职业教育中的思想教育和素质培养都是为了促进学生发展,并在学生就业后通过其实现安全生产、个人发展以促进组织的发展。这些特征是职业教育区别于普通高等教育中研究型人才培养和基础教育中普惠型教育的显著特点。

四、职业教育的模式

历经百年的探索与实践,我国的职业教育专业建设已经积累了丰富的实践经验,呈现出诸多具有代表性的专业建设模式,为习近平新时代具有中国特色的、世界一流职业教育专业建设的持续探索奠定了坚实基础。对近10年中国知网(CNKI)有关职业教育专业建设文献进行检索和权重排序,发现排名前4的职业教育专业建设模式有协同发展模式、多元化发展模式、校企合作模式、集团化发展模式。

(一)协同发展模式

协同发展理论追求共同发展、协调发展、公平发展、高效发展、多维度发展。协调发展概念的核心思想是,事物是在从旧结构向新结构转变的机制上形成和发展的,其主要特点是通过类比建立了一套对该现象从无序到有序的数学模型和处理方案,并将其扩展到广泛的领域。协同发展理论的核心实际就是系统内部存在差异的各子系统通过相互作用,相互协调,共同引起整个系统宏观结构的转变,促进各子系统的有机整合。协同发展理论体现了系统的理念,反映了系统从封闭向开放的转变,反映了区域合作发展的最新趋势,是自主创新内涵的丰富和发展。区域经济一体化发展趋势日渐明显,科技创新的综合发展格局逐渐形成,学校、科研机构和产业之间的合作平台的建立获得了前所未有的关注和认可,出现了大量与产业、学校和科研机构相结合的新的组织形式和新的结构特征。职业教育通过产学研融合,提升了区域经济技术的创新水平,优化了科技创新资源的配置,加快了创新型城市的发展进程。

(二)多元化发展模式

所谓多元化发展一是指由单一向多样发展,由统一向分散变化;二是指发展是多样的，不是集中统一的。职业教育专业建设多元化发展模式是指针对我国职业教育专业建设过程中存在的治理结构不完善、部分主体参与度不高、教育目标异化、教学资源匮乏等现实问题，引入多元化发展理念，通过多元化参与主体、多元化教学资源、多元化合作形式、多元化发展路径、多元化保障机制等措施，实现职业教育专业建设的高质量发展。现实中，专业建设多元化发展模式被多所职业教育院校推崇，为职业教育专业建设提供了宝贵的实践性经验，典型代表性学校有宁波职业技术学院、南京信息职业技术学院、成都职业技术学院等。

（三）校企合作模式

校企合作是指学校与企业联合培养人才的一种方式，既注重在校理论学习，又重视通过企业实践让学生具备较强的实操能力，也是实现产教融合的具体落实。学校与企业的合作，当然应该是一种深度的合作，企业进学校，学生进企业，深入一线。校企合作这种人才培养方式经过实践检验是符合人才培养规律的，是应该大力推进的一种人才培养模式。职业教育校企合作是为了培养更具专业能力，更能符合时代发展的产业技能人才，在国家鼓励校企合作，促进产教融合的大背景下，各个职业院校的校企合作开展得如火如荼，但刚开始之时校企合作之路并不是特别好走，在学校和企业合作的过程中由于合作机制、主体责任、评价体系等方面的不同也产生了一系列问题。

首先，部分院校采用校企合作的人才培养模式，但是在实际合作过程中仅仅停留在表面，校企之间的合作处于一种疏离状态，学校作为合作的主体完成大部分的教学内容，企业只在时间较短的课程实践阶段、顶岗实习阶段参与教学，没有真正参与到全过程教学当中，企业的真实项目案例由于参与时间的限制无法在教学过程中发挥应有的作用。从学校方面来说，浅层次的合作也使得学校课程设置无法及时与岗位需求对接、教学内容无法与行业标准对接、教学过程无法与生产过程对接，校企合作双方缺乏一种有效的、可行的长效合作机制。但是从目前的实施过程中来看，以学校为主体的形式居多，因为校企合作的主要场所仍然是校园，在寻求合作的过程中也是学校主动出击，企业的参与度不够高，更多地停留在被动接受的层面，没有发挥企业市场性的真正作用与价值。

其次，校企合作没有找到双赢立足点。职业院校由于人才培养模式没有紧跟市场发展需求，造成毕业生就业技能与市场脱节，企业在合作过程中花费人力物力进行培训，上岗后由于诸多原因学生选择离职，使得企业白忙活一场，培育的成本无法收回。在市场竞争激烈的洪流中企业需要承担经营成本的风险，因此在回报利益不明确的情况下其合作的积极性不高。另外，在校企合作过程中，企业的出发点是解决人才短缺、用工荒的问题，没有将合作重点放在如何协助学生发展综合能力上。

最后，校企合作由于缺乏相应的标准和引导，无论是职业院校还是企业对校企合作的效果评价都不够规范。近些年，中国经济不断发展，科技创新能力不断提高，再加上"大众创业、万众创新"的提出，人口结构的变化，企业对于高素质技能人才的需求不断提升，但学校培养的人才与社会发展需要的人才存在一定差距。因此产教融合和校企合作越来越得到重视。

（四）集团化发展模式

职业教育集团是作为一个组织而出现的，而职业教育集团化办学则是指各主体单位之间的一种联合办学行为，其着重点在联合办学的模式。对于职业教育集团中的合作机制，学者从利益相关者理论、博弈论、交易成本、制度理论、组织生态学、组织管理理论等几个方面进行研究。在这几种理论中，利益相关者理论和博弈论是最基础的理论。职业教育是一种跨界的教育，职业教育与经济社会各领域有着千丝万缕的联系，所以说发展职业教育必须关注各类利益相关者。近年来，各种职教政策纷纷出台，国家将组建职教集团的更多的权力下放到地方，教育部门也不是职教集团的唯一主体，职业教育集团朝着多元主体协调的方向发展。因此，理清职业教育集团中的众多利益主体，了解其教育利益诉求与主张、各主体之间如何进行利益的博弈和协商是非常有必要且紧迫的。

集团化模式教育有着重要的意义。①有利于推动职业教育跨界跨部门合作，协调多元主体的利益分配。职业教育的属性决定了其发展离不开与产业界的合作。但是，长期以来我国职业教育存在条块分割的现象，跨界跨部门的合作缺乏深度，已成为制约职业教育产教融合的瓶颈，也严重阻碍了职教集团的深入发展。在传统的校企合作过程中，学校和企业会更多地考虑自身利益，利益需求难以协调，由此产生利益冲突。新时代，加强职业教育集团化办学，通过多方协商成立集团办学指导委员会，在委员会的沟通交流和目标引导中明确各主体的利益结合点，有利于推动跨界跨部门的利益协调工作，从而实现多元主体的合作共赢。②有利于发挥系统化人才培养功能，培育满足产业需求的高素质人才。随着我国经济社会的发展，劳动力市场对高素质技术技能人才的需求不断增加。通过职业教育集团化办学，一是能够促进产教融合与校企合作，有利于充分发挥系统化人才培养功能，实现学历证书与职业资格证书的互融互通，强化对在岗人员的职业技能鉴定；二是通过职教集团内部成员之间的合作，建立多样化的学历提升通道，畅通职业技术人员的学历上升途径，实现职专业课程体系之间的衔接与沟通，建立职业教育一体化的人才培养体系；三是有效利用集团化办学的资源共享平台，为行业企业员工的培训提供便利条件，有利于在职人员不断提升自身综合素质，满足产业转型升级的发展需要。③有利于助推产业转型升级，为经济高质量发展提供人才支撑。当前我国正处于产业转型升级的关键时期，需要高素质技术技能型人才的支撑。职业院校是技术技能型人才的主要输出机构，通过开展集团化办学，能够为经济高质量发展提供人才支撑。

五、职业教育的意义

（一）职业教育是实现国家现代化的必经之路

作为国家现代化的必经之路，中国式现代化主要包括经济现代化、政治现代化和人的现代化，这对职业教育现代化提出了更高要求。就经济现代化而言，意味着劳动生产率与国民收入的增长，经济福利与社会公平的改善，涉及生产效率、经济结构、经济制度等方面的变化。职业教育作为国家创新体系不可分割的组成部分，构成了经济社会可持续发展的基石。党中央始终坚持以新发展理念指引职业教育现代化由外生模仿引进向内生创新发展模式转变，将职业教育现代化超越发展建立在知识与技术创新引领的基础之上，积极开拓自主型高新技术产业自主发展道路，着重引进有利于产业结构调整升级的重大技术和关键技术，创新职业教育现代化发展路径。当前中国式经济现代化的重点方向是工业化、信息化、城市化和农业现代化，这对技术技能人才质量提出了更高的要求，需要职业教育在职业分类与标准、人才培养规格与规模、专业结构与设置等方面进行积极改革，不断提高办学水平，以期实现职业教育服务产业、服务社会、服务大众的价值追求。政治现代化是随着经济和社会现代化而出现的从传统政治体系向现代政治体系转变的过程，包括政治体制结构、政治管理行为、政治价值观念等。政治现代化具有政治民主化、现代科层制运作、政府有能力与权威实现政治稳定性、关注经济发展等显著特征。职业教育现代化坚持以促进职业教育治理体系和治理能力现代化为核心，积极贯彻协同发展机制，有效纾解职业教育制度变革、结构优化、体制机制创新过程中的制度供需矛盾，有利于全面实现政治现代化、政治民主化。人的现代化是国家现代化的重要指向，是个人价值观念、知识结构、行为方式由传统向现代的变迁过程。职业教育现代化是促进个人现代化的核心，是满足个人多样化发展需求的关键之举，是实现个人全面发展与国家繁荣富强的必经道路。

（二）职业教育是创新教育的根本

职业创新教育绝对不是简单层面的论调，而是涉及职业教育的总体育人目标、育人的手段，职业教育的发展导向还有职业领域教师队伍的塑造方向等。只有职业教师、职校生和职业教育形成合力，才能保证职业教育的人才培养与区域性经济发展的人才需求相匹配，才能把人才的利用率提升上去。而一代又一代的创新教育首先是在上一届的人才培育的成果基础上进行的，所以要让职业教育的人才队伍不断壮大，以达到职业振兴的目的，就需要不断提升不同时期的职业人才的培养规格。在高层次人才队伍的影响下，集聚职业技术和职业教育的智慧，为职业创新教育提供源源不断的动力，这是社会经济发展下职业人才供求关系推动作用的体现。

（三）职业教育在创新型城市发展中的价值

1. 职业教育的类型属性

要理清职业教育在创新型城市发展中的价值，首先要明确职业教育的类型属性，明确职业教育是什么类型的教育。

（1）职业教育的跨界性

坚持学校与企业的跨界合作，产业与教育链接的需求整合，知识与技能的实践融合，是职业教育作为与普通高等教育不同的特殊类型教育的三大特征。首先，从教学目标上看，培养一线工人的教学目标决定了职业教育以产业需求为导向，跳出了单一内容的范围，整合了教育学、经济学、社会科学等学科，因此具备明显的跨界性。其次，从教育过程的角度来看，职业教育并不是一种有限的、封闭的学校教育，其人才培训与行业创新、企业发展和市场需求密切相关。职业教育应向企业开放，结合市场需求，协调区域经济发展，植根于产业链，与产品链相连，与信息链相连，实现学术界与产业界的深度融合，因此，职业教育具有明显的跨界性，它是一种连接教育和工业、学校和企业、理论和实践的教育。高职教育不同于其他教育的基本特点是它是一种开放、合作的教育。

（2）职业教育的包容性

《国家中长期教育改革和发展规划纲要（2010—2020年）》中提出要加快完善现代职业教育体系，建立健全初中高多层次相互衔接的职业教育，人才培养对接社会发展需求，坚持用创新发展理念进行改革，以终身教育理念为导向培养社会所需的技术工人。职业教育的包容性体现在职业教育是社会兜底的教育，是面向全体社会公民的教育，是顺应终身教育理念的教育，更是解决就业问题、促进教育公平的教育。职业教育的包容性主要体现在对教育对象的包容性上。随着我国高等教育入学率超过 50%，我国进入高等教育普及化阶段，加之受到终身主义教育思想的影响，职业教育的内涵不断丰富，不仅包括职业学校教育，还包括各种形式的社会培训。职业院校数量增多，生源范围扩大，无论什么年龄、什么资质、什么基础、什么特点、什么水平的学生，职业教育都接受，这在一定程度上提高了受教育机会的公平性。2019 年、2020 年我国高职教育连续扩招百万，打开了我国职业教育的围墙，扩大了高职教育的生源范围，退役军人、下岗职工、农民工等非传统生源的数量和比例进一步提高，相应地改变了职业教育的生源结构，完善了学历教育与非学历教育统筹发展的现代职业教育体系。职业教育打破学习与就业的先后顺序，鼓励支持不同学生群体按照自身情况，可以选择先学习再就业，也可以就业后继续学习，还鼓励边就业边学习。

2. 带动创新创业发展

创新城市的建设需要创新创业，以促进经济的健康发展。一方面，通过创新，我们可以创造新技术、新产品、新市场，从而提高经济发展的质量和效率。另一方面，通过创业，可以增加更多的市场参与者，激发市场的活力和竞争力。新时代，职业院校作为生源覆盖面积最广的教育类型，将主动将创新创业教育融入人才培养的全过程，让人民群众的勤劳智慧更充分地发挥出来，主动承担起为社会培养创新型技能人才的重任。职业教育通过提供学校教育、职业培训可以帮助劳动者的个性技能符合经济社会发展的需求，帮助各类人才适应其工作岗位，对城市丰富的人力资源进行有效配置，促进城市内形成良好的劳动力流动机制，实现人才潜能最大化发挥，真正做到使无业者有业，有业者乐业。

3. 职业教育是高技能人才培养的载体

传统课堂教学大多注重知识的灌输，以应试为目标导向，在教学模式上沿袭传统"填鸭式"的教学，忽视了知识的创新性和非线性。而创新型人才培养强调理论与实践相结合，注重对学生探究能力的培养。职业教育相比于普通教育，具有明显的实践性。实践是人养成创新能力的重要途径，也是检验创新能力水平和创新活动成果的重要标准。技术创新是一种实践性的活动，实践性是技术创新最重要的特征，职业教育能够通过实习实训提高学生的创新能力。职业院校的人才培养目标有其特殊性，在创新意识、创新能力、创新思维方面，更加贴近企业生产实践一线的需求。因此，职业教育在创新型城市建设过程中肩负着培养应用型、技术型人才的职能。

六、职业教育的发展规模与趋势

职业教育的发展规模、办学水平等离不开地区经济为其提供的必要的教学设施、试验基地、师资队伍等物质基础保障，地区经济发展为职业教育办学提供了社会资源支持。正如马克思主义教育经济思想的观点，第一性的经济基础决定着第二性、处于派生地位的职业教育，地区经济增长水平决定着政府对职业教育经费投入力度，影响家庭教育支出在总支出中的占比。从我国职业教育发展规模的区域差异来看，职业教育招生比例由东向西逐步减少。经济发达地区的职业教育投入水平整体高于经济欠发达地区的职业教育投入水平。因此，地区经济增长与职业教育投入水平具有地域差异，经济欠发达的省份应聚焦缩小区域间经济增长差异、关注职业教育包括硬件条件的改善和师资队伍的建设等投入方面的问题。

经济总量、经济增长速度是衡量经济发展的重要指标，职业教育是社会经济发展的产物，社会经济发展程度决定着职业教育的发展速度、发展规模。当地区经济总量、经济增速正向发展，相对应也正向影响着职业教育人才培养的供给规模、职业教育人才培养的发展速度，经济快速增长刺激着职业教育快速发展。规模不同、经济增长水平不同的市对职业教育的发展速度、发展规模的影响具有差异性。发达地区大城市经济快速增长与职业教育有一定趋同性。以上海市城区职业教育发展特点所具有的代表性为例，上海市城区的职业教育具有办学体制多元化、经费来源渠道多样化、适应市场供求变化等特点。经济发展中地区社会经济极其不平衡，职业教育在城市、城郊、农村地区间的差距更明显。社会经济发展的开放程度越高、经济发展越充分，经济增长质量越高，对职业教育人才培养的需求数量、需求层次也越高，也越有利于职业教育发展速度和办学水平的提升、发展规模的扩充。

职业教育与普通教育分属不同教育类型，高质量的课程对增强职业教育适应性、提高人才培养质量具有重要的意义。与普通教育相比，职业教育课程在课程目标、课程内容、课程逻辑和课程资源等方面有很大不同。要想实现职业教育高质量发展，基于传统学校教育的课程需要实现范式转变，即从"再现性策略"课程转向"建构性策略"课程。在普通教育领域，学习内容范围基本固定，教育的主要目标是促进数理和语言等认知能力的发展，采用"再现性策略"进行精致的课程和教学设计，以再现知识认知和存储的需求，主要依据行为主义和认知主义学习理论，这有其合理性。职业教育的学习内容是专业化的工作，其内涵复杂、边界模糊、开放性强，主要目标是促进学生职业综合素质和行动能力的发展，建立职业认同感。职业教育应当按照"建构性策略",将对职业发展具有重要意义的、综合性的学习与工作情境作为教学的出发点,让学生在完整的专业实践中发现和解决问题,并最终获得"可用的"专业知识技能。

第二节 当代职业教育体系与基本理念

一、当代职业教育体系

当代职业教育体系是一个具有培养技术型人才或技能型人才的培养结构和功能的整体,涵盖教育层次、教育类别、教育阶段、教育形式等相关要素。职业教育体系包含两大发展阶段:局部化发展阶段和体系化发展阶段。

第一,局部化发展阶段强调学制层次完整性,但是从2005年起,现代职业教育体系迈入体系化发展新阶段,学制层次之间的衔接通畅超越学制层次完整性成为首要诉求。原有的职业教育依照学制划分为不同的层次,忽视不同学制间的内在联系,难以搭建完整的职业教育体系。

第二,体系化发展新阶段关注各个层级职业教育之间的内在联系,形成联结与衔接,打造完整的职业教育体系,但这只是形式上的衔接,未能捕捉到终身教育的实质。终身教育理念要求教育形式与教育内容的有机统一,强调体系化发展阶段学校教育体系、职业教育课程体系、职业教育制度体系三大体系合力发展,这一点与终身教育的理念不谋而合。首先,关于终身职业教育融合发展研究的问题。以终身教育视角审视职业教育,消除层级间的隔阂是践行终身教育理念的第一步,以体系框架整体统筹职业教育发展,为构建服务全民终身学习的现代职业教育体系奠定了基础。其次,关于教育视角下构建现代职业教育体系的问题。当前对于终身教育视角下的职业教育衔接方面的研究有很多,但还不够深入,主要集中在职业教育体系构建方面,表明对终身教育理念的内涵把握仍不成熟,很少触及终身教育的内核。

因此,有必要全方位思考职业教育体系衔接问题,分析现存模式中蕴含的影响因素,并探寻解决途径。随着生产力的发展和社会的进步,人的职业、岗位职业能力会经常变动、更新,这就需要不断地参加这样或那样的职业技术学习,接受继续教育或培训。因此,职业教育是一种终身教育。

二、当代职业教育人本教育理念

（一）人本教育理念推进职业教育多元化发展

在当前社会环境下，信息技术的发展、互联网的普及应用以及素质教育的深入发展，都推动教育向多元化的方向展开，但是一些因素难免影响到学生的主体地位。基于对专业教育能力的考虑，在职业教育中全面融入人本理念，能够推动职业教育以多元化教育发展为中心重构教育体系，从更加深层次的角度加强基础培训保障，弥补部分院校在教育体系构建方面存在的缺失。除此之外，人本理念在职业教育中的融入还能够促进其开辟新的路径，在提高教育水平的同时也为职业院校的发展奠定了坚实基础。

（二）人本教育理念推进专业人才教育自主化培养

人本理念强调互信、和谐、尊重等内容在教育管理工作中的渗透与落实，在新时代教育背景下，职业教育中人本理念的坚持能够满足新教育需求，尤其是自主化人才培养需求。具体而言，通过将人本理念应用于职业教育工作中，能够更为体现学生的主体地位，进而为自主化教育培训工作提供支持，引导学生弥补学习不足，提高职业教育的系统化和高效化程度。而且，人本理念的运用与全面渗透，还能够促使职业教育围绕学生学习需求和诉求开展，促进教育资源的合理整合，在满足当下人才培养目标要求的同时，还能够为后续教育创造发展新环境。

三、当代职业教育的职业观教育理念

职业观是一种思想观念，是一种职业价值观念，随着人们认识的深入不断具体化。结合当前的新时代、新变化，可以从职业认知、职业情感、职业理想和信念、职业道德等四个方面入手来把握职业观的内容构成。

（一）职业认知

职业认知就字面意义而言是个体在各种影响下，在与周围环境的接触中对某种职业的认识、了解与评价，是指个体在日常的学习生活中，不断更新、完善对某一职业领域的深入了解，包括对某个职业发展状况的认识或是对职业前景、职业发展、人才需求情况等方面的认识和了解，是一种动态的认识过程。对职业的理解和分类没有好坏的区别，也没有高低贵贱的区别，只是由于社会分工不同和社会分工的细化，形成了不同的职业。职业不同，则意味着不一样的发展前景，这也在很大程度上决定了未来的生活方式。好的职业生活始于对自我的正确认知，加上之后积累的对职业的充分理解，有助于成就良好的职业生涯。不管怎样，职业认知是一个充分发挥主观能动性、缓慢地积累经验的过程。

（二）职业情感

职业是一种实践活动，是指人们运用专业知识和技能，在创造社会所需的物质和精神财富的同时，从中获得满足个人日常物质生活和精神需要的报酬。从这一观点出发，职业既包括物质需要，又包括精神需要，即人们为了物质需要和精神需要而从事一定的劳动实践。没有感情的机械劳动只能加速人们精神状态的崩溃，因而只有物质满足而忽略精神需求的工作是无法长久的。只有全面的体力劳动和脑力劳动才能持续下去，我们有理由认为职业情感是逐渐培养的，职业情感是一种主观体验，它使人们对所从事的职业有着真诚的需求和深刻的理解，从而热爱自己的职业和岗位。职业情感是一种外在化的情绪表现，深藏于内心可以激发人的创造动力，使个体处于一种稳固的心理状态之中，会引发一系列生理反应，如一个人在讲话时的语气、面部表情、肢体动作都能反映其情感喜好，从这一角度来看，职业情感是能够看得到的，伸手也是可以触及的。

（三）职业理想和信念

职业理想是指人们在职业实践生活中，坚信自己追求的职业是正确的，任何情况下都不会放弃不会犹豫不决，会为之不懈奋斗。职业信念和职业认知不同，职业信念很难改变。在做出职业选择后，即使碰到很多挫折，都会怀着坚定的职业信念坚持下去，但是职业认知会随环境改变。职业信念是在职业活动中所表现出来的克服困难的毅力和坚持，特别是面对职业中的一些不良诱惑，能有较强的抵抗诱惑的能力，持之以恒、始终如一、忠于职守。职业信念就是个体价值观在职业中的具体体现，当个体追求未来职业类型时，在对未来的职业进行设想时，都会依赖于职业信念，它包含在职业理想中。个体所处的环境和自身特点的不同、职业的多样性，都会使职业信念具有差异性。相对于社会现实，它是个体在从事具体职业之前对未来职业的一种预想，不仅包括选什么职业的预想，还包括想实现这种职业目标，以及在一定时间范围内实现怎样的成就。同时职业信念的实现依赖于各种现实社会因素，并不是空想和幻想，在对自我认识的基础上，只有符合全面建成小康社会的奋斗目标，职业信念才具备可实现性，是对未来的美好设想。

（四）职业道德

社会公德、家庭美德、职业道德共同构成了道德教育，组成了思想政治教育的核心部分，大学生的职业道德观直接影响将来的职业道德水平，对专业知识掌握越扎实的大学生越容易形成牢固的职业道德观。职业本无高低贵贱之分，只是分工不同。职业道德是道德在职业领域的集中体现，是与其行业相适应的一系列行为准则和行为规范。它包含了三重关系：就业者与服务对象、同事之间、就业者与职业本身的关系。职业道德的养成是"他律"走向"自律"的过程。职业道德观虽然属于意识范畴，但也会受到社会现实很大的影响，近些年频频爆出的医患纠纷事件、教师失德事件、商品假冒伪劣事件……在无形之中对大学生的职业道德产生了一定程度的负面影响。职业观教育要对大学生进行积极意义的引导，以身作则，坚持从教材灌输走向实践引导。

第三节 当代职业教育的基本特征

职业教育是指为适应经济社会持续健康发展和人的全面发展需求，帮助参与教育的学生学习从事职业劳动需要的职业知识、职业技能和职业态度，使之获得从业资格和持续深造能力的教育。职业教育具有如下特点。

一、职业性

职业教育以就业为导向，教学内容和培养方式的重心放在实操能力的培养上，教学环境强调与实际工作环境相统一，培养适应经济社会发展涉及的生产、服务、技术和管理等方面的技术型、技能型、应用型毕业生，达到黄炎培先生为职业教育提出的"使无业者有业，有业者乐业"目标。

职业性并不排斥文化修养、人文道德，而是融入力、知识、技术、技艺、工作的任务与过程及行动、道德、价值、精神等于一体。同时，职业教育重视培养学生良好的职业道德、职业意识、职业纪律、职业习惯，以及忠于职守的敬业精神，其教学计划、教学过程、教学方法、教学组织、生产实习和教学实习等，都与社会职业需要，与学生的职业活动、文化修养紧密联系。

二、社会性

与普通教育相比，职业教育的培养方式、发展模式、教育体系受到社会需求的制约更大，其在培养目标、专业设置、学习内容和教学方式等方面会随着社会的发展而变化，办学方式、教育形式、学生就业等方面也需要企业、行业等社会力量广泛参与。职业教育对社会环境的高度依存性，要求其办学必须是开放的、灵活的。职业教育只有吸纳全社会的力量，才能办好。除在培养目标的确定、专业的设置、教学内容和教学方式的选择等方面要紧贴社会实际需要之外，在教学、课程、评价和管理等实施过程中，职业教育也需要行业企业的参与和支持，必须广泛吸纳社会力量，与生产劳动和社会实践紧密结合，走工学结合之路，实行灵活多样的人才培养模式，只有这样，职业教育的培养目标才能实现。

三、实践性

职业教育必须与生产实践充分融合，其受到生产技术革新、劳动方式转变、劳动能力提升、经营活动变革等的影响更大，必须坚持学用结合，充分联系产业实际、企业实际、学生实际，把课程内容真正变成学生工作实践上的技能技巧，让学生能够独立解决职工工作中遇到的实际问题。

四、大众性

职业教育一方面为全社会成员提供从业指导与就业咨询，努力使无业人员、辍学人员、残疾群体、贫困村民、退伍军人等特殊群体能够受到职业培训或继续教育。另一方面，全体民众都需要接受职业教育，我国实行"先培训，后就业"的制度，强制社会成员只有参与职业训练获得职业资格，才能从事技术性职业与非技术性职业。

五、终身性

职业教育贯穿人的一生，是实现终身教育的一种形式。一个人在一生中只有接受多次职业教育，才能不断地具有胜任各项工作的能力。在基础教育阶段，可以对儿童进行包括职业意识、劳动光荣等最基本的职业素质教育；进入初中阶段后，接受职业教育的机会越来越多，既可以通过普通教育教学内容的渗透接受初级职业教育和培训，也可以通过分流接受以就业为导向的职业教育；进入社会以后，人们也必须根据生产科技发展的需要，接受各种职业培训，以完善自己；当人们到达一定年龄，离开职业岗位，仍然可以根据自己的特点和需求，选择职业教育的内容和类型，以充实自己、完善自己，满足自己对教育享受的需要。职业教育应以更加开放和宽阔的胸怀，更加灵活多样的课程和教学模式，提供终身学习的机会和途径。

六、开放性

职业教育具有开放性，这里的开放性是指职业教育对行业企业开放，对社会开放，对国外开放。职业教育要建立高质量稳定持久的产教融合、校企合作体制机制，不断提高行业企业在办学中的主体地位，鼓励企业举办职业教育，构建以"工学交替"为主体形式的统一的中国特色学徒制育人模式，让学习者在"学生"和"员工"的角色转换中学习知识、技能，发现自身不足，提升自身素质。要构建学训并举、面向人人的终身教育体系，让学习者在"学习—工作—学习"的良性循环中不断提升自身素质能力。要实施高水平的对外开放，满足"一带一路"倡议、"国际产能合作"等需要，输出国际化技能人才，服务中国企业"走出去"；输出先进的技术技能人才培养模式，服务人类命运共同体建设，实现职业教育的更高价值。

七、创新性

职业教育着重在"三全育人"、协同育人体制机制方面加大创新力度，完善"双主体"办学模式，着力在高水平人才培养体系、高水平技术服务体系、高水平职业技能培训体系和高水平对外开放体系等核心体系建设方面推进创新，构建现代学校治理体系，提高治理能力，建设高素质教师队伍，形成职业教育高质量发展的新动能新优势。

第四节　当代职业教育的主要规律

一、当代职业教育的外部关系规律

职业教育的外部关系规律意为职业教育要与社会的发展相适应，进一步地说，"职业教育要受经济、政治、文化等的制约，并作用于社会的经济、政治、文化等的发展"。职业教育外部关系规律决定了职业教育作为国民职业教育体系的重要组成部分，其存在与发展都与社会经济发展紧密相关。因此，职业教育结构调整的外部框架条件是适应以产业结构转型升级为重心的社会经济新常态，专业建设必须考虑到社会市场动态性需求，深化紧贴区域产业发展，培养技术性职业性专业性技能型人才。

二、当代职业教育的内部关系规律

职业教育的内部关系规律意为在人一生的发展过程中各种要素之间（人的身心发展、德、智、体、美、学校管理等）的相互联系和相互作用。主要涵盖三对关系：第一对是教育与受教育者的身心发展特点的关系；第二对是受教育者发展过程中各发展要素之间的关系；第三对是教育者、受教育者、教育要素相互之间的关系。职业教育体系不仅属于社会系统的一个分支，而且也是自身的教育体系，具有自己的属性，即教育是教育而非其他事物的本体论。职业教育的办学目标是培养适应工业、商业、服务和管理的一线人才，注重质量、专业、实用。这两条基本规律相互促进，又相互制约，是教育发展必须遵循的逻辑规律。

通过了解职业教育外部与内容关系规律，不可否认，职业教育外部规律受制于职业教育内部规律的作用，但职业教育外部规律的实现也需要从内部规律借力。故而，职业教育专业结构调整的前提是需遵循职业教育规律，只有这样，才能做出合理的价值判断。调整专业结构是职业教育进行改革的一项重要举措，而职业教育改革必须遵循教育规律是由教育的本质属性决定的。调整专业结构也不例外。职业教育规律是教育活动中各种因素之间不可避免的联系，即教育现象内部自身或与外部现象之间的内在矛盾。由于过程复杂、内容多样、对象广泛，所以教育规律涵盖了自然法则、社会法律和思维模式。职业教育规律是人们通过教育实践逐渐发现的客观规律，用来指导职业教育活动，也是职业教育改革的方针指南。职业教育内外部关系规律揭示了教育的客观性和决定性，这属于教育的因果关系，并将决定性和选择性辩证地统一到教育规律之中，抓住了教育规律的本质特征。教育受到政治、经济、文化的制约，在经济、政治、文化等方面发挥着重要作用。这表明，教育系统的功能与社会各系统的功能相结合，使教育各个功能得以充分发挥。然而，若某社会子系统不能与其他社会子系统相耦合，则不能得到完全的发展。职业教育必须广泛而积极地适应社会的发展。因此，最终目的都是指导教育活动和教育改革。教育内外部关系规律学说为认识职业教育与社会各子系统之间的关系以及专业结构调整提供了重要视角，该理论提到个体的发展要与社会的发展相适应，职业教育的发展要与社会发展相适应，社会发展的要求必须符合个体的身心发展规律。

三、当代职业教育的理论教学与实践教学相协调的教学规律

（一）先习后学

普通教育教学顺序强调"学—习"，即先学后习。与普通教育教学宣扬的学术性不同，职业教育教学顺序应是"习—学"，这是对传统学习顺序的彻底颠覆。为了避免理论课学习空泛，最好的办法是先习后学，使学生学习的理论知识有实践经验做基础，避免假大空。

职业教育教学先习后学的三个要求：首先，教学实践活动的设计与开展要与理论知识学习紧密联系，促进学生对理论知识的理解；其次，学生要有理论知识与实践知识相结合的心态，加深对理论知识的理解；最后，将实践经验与理论知识进行对比，提升学生的观察能力、探究能力和解决问题的能力。

（二）工学结合

工学结合，又称为半工半读，是通过学校与企业工作的两者融合，对企业与学校所各自拥有的资源和环境加以利用，使其各自所存在的优势得以发挥，共同对学生加以培养的教育模式。工学结合是培养技术技能型人才的一种教育模式。

工学结合具有以下特点：首先，工学结合培养的是应用型、技能型人才；其次，工学结合强调学校与企业共同参与培养过程，教育计划由职业院校和用人单位共同制订、实施和管理；最后，工学结合的合作范围包括课堂教学和各种实践教学。工学结合的基础之一是马克思主义提出的教育与生产劳动相结合的理论。

工学结合的这些特点无不体现了职业教育教学活动中理论教学与实践教学相结合的规律。在职业教育课程当中，"工"和"学"相结合是其根本性质中最为重要的呈现，两者相结合的一体化课程就是出于"工学结合"这个教学目标的实现而设计的。只有将课程设置、教育教学和真正的工作过程做到有效连接，才能够真正地实现"工学结合"。

1."一体化"课程目标

就我国职业教育的人才培养目标来看，是向国家和社会培养可以和现代化发展建设相适应的，具有良好的整体职业素养和能力的高素质技术型劳动人才。所以，工学结合一体化课程，其课程目标也要基于国家所制定的职业教育相关政策，对学生的整体职业素养和能力进行培养，重视学生的职业能力培育与课程教学处在相同重要的地位。整体职业素养和能力，指的是学生必须掌握相关专业知识、

专业技能，以及学习能力和工作方法，同时还应该具备专业所需的职业道德、工作态度以及人际关系处理的能力等等，从而和岗位需求相适应。

2. 课程内容

所谓典型工作任务，是指某个行业中的具体性职业领域，它是具有综合特征的工作任务，在整个工作当中呈现出结构的系统性。典型工作任务的达成能够促进从业人员专业能力的提高。具体的内容则是行业中典型工作方法以及工作内容的体现。学习领域，则是和传统的学科领域相对应而出现的概念，最初来自德国的职业教育。学习领域，是将某行业中的典型工作任务作为基础，将其分成若干个专业性的教学单元，再利用教学过程，将工作领域进行转化，其主要特征是理论学习和实践学习相结合的一体化学习。

首先，就典型工作任务来说，应该对现场加以调查，要结合岗位的设置、工作任务、要求以及工作流程等方面进行明确的了解，并有针对性地进行记录；要和实践专家对组织形式的优缺点，工作计划是否可行以及技术要点、方式，和服务对象间的关系、主要的流程和环节等方面加以共同分析，从而明确该怎样对计划书进行制定、工作的规范与职责分别是什么等，就这些方面必须进行细致的记录。

其次，要将典型工作任务变换成学习的场景。对于教学中的种种学习内容，学习场景应该详细地描述下面的内容。一是工作的对象，即工作任务的角色、内容有哪些，具体应该做哪些事情。如不论是单片机的应用，还是 PLC 编程，都能够达成自动化操作，然而在学习内容上确是具有较大差异的，因此在学习内容方面也应具有倾斜性，即维修工只有弄清与掌握机床的原理与结构，才可以正确地判断出所存在的问题，但对于操作工来说就无须掌握机床的原理与结构。二是工作的要求。其不仅仅是个人的，还是企业和社会等多个方面的，这主要基于可以实现的标准加以要求，即对于任务需要熟练掌握，还是精确掌握，还是巧妙和智慧地掌握。三是工作的过程。其中包括所选择的工具、方法，所制定的工作计划、工作任务的考评方法以及工作的组织形式等。四是有关的知识基础。即要达成此任务，应该具备的知识点、技能点以及通识知识等等。五是评价的方法。就评价主体来看，应多元化，能够运用学生自评、小组互评以及教师评价、社会与企业评价等多样化的方式进行，从而不但可以对学生所存在的不足进行查找，还能够实现互相促进、调动学习兴趣的作用。就评价的内容来看，不但要对专业的知识和技能进行评价，还应该将学生的自我管理、学习以及职业态度、素养、团队意识等方面的能力纳为评价的目标。

3. 课程教学方式

在课程中的应用，不但和职业院校学生的学习特征相符，更彰显了职业教育的发展特色。该教学方法对于学科性的知识体系不是过分强调，而是重视对实际案例或是问题的解决，同时鼓励学生进行自主学习。具体而言，其教学过程主要包括任务下达、任务完成、成果展示、归纳总结四个程序。

4. 课程教学环境

课程具有一定的特殊性，而传统的实训基地无法和课程教学更好地适应，不能使课程教学的需求得到满足，因此建设良好的教学实践场所是确保"工学结合"课程教学得以有效实施的前提和基础。为此，创建和教学相适应的教学场所，以及和真实工作情景相适应的教学环境等就非常关键。为确保教学的有效性，尤其是要重视合理且有效地设计教学"岗位"，要重视在校园中创建理实一体化的专业教室，在校外创建工学整合学习的工作和培训岗位，进而为一体化课程的开展创建良好的教学环境。

5. 课程评价

良好的评价体系是确保课程教学质量的方式和手段。"工学结合"课程，重视以学生为中心对其学习能力加以培养。其教学内容呈现出更为丰富的特点，教学活动形式也更为多元。为使这一课程目标得以实现，首先要重视个体自评、教师评价及企业评价的结合，呈现出主体的多元化；其次，要重视过程性、诊断性和总结性评价的结合；最后，要重视理论评价和实操评价相结合的评价内容。从课程开始实施，一直到整个周期课程结束，课程评价都应该贯穿其中，采取连续且动态性的评价方式，对学生的职业素养和能力发展水平等进行判断，进而为课程的优化调整提供有关依据。

第五节　当代职业教育的培养目标

一、当代职业教育培养目标执行现状

职业教育培养目标和教育内容从社会实际的人才需要出发，随着经济产业结构的变化和各地区经济发展的人才需求变化，职业教育的专业设置、培养目标、教育内容也更符合社会需要层次，为社会提供经过职业教育培育的成熟的劳动力。2014年，国务院印发了《关于加快发展现代职业教育的决定》，明确提出通过拓宽职业教育人才培养的多样化成长渠道，鼓励东部地区吸纳中部地区、西部地区职业教育学生等一系列促进职业教育招生规模提升的奖补鼓励政策。同年，教育部等六部门印发了《现代职业教育体系建设规划（2014—2020年）》，提出具体设定现代职业教育体系建设相关培养规模的量化目标，确定中等职业教育和普通高中的招生规模大体一致，职业教育规模占高等教育一半以上。可以看到的是，西部地区在国家对职业教育办学方面政策扶持等因素的影响下，教育规模水平有小幅上升，但教育规模上升水平相比于东部地区则不太显著。可以看出，职业教育人才培养规模存在地区差异性，东部地区、中部地区职业教育的发展规模和水平总体上高于西部地区，且这种差异持续存在。

随着职业教育培养体系的完善和市场对人才需求的不断增加，职业教育人才培养的目标不断演进，职业教育基本适应了当前社会的发展。然而职业教育的发展与定位仍与人们设想的目标有所差距。

（一）职业院校人才培养目标执行有偏差

职业院校人才培养目标具体而言有两个方面的内容：一是职业品格塑造，这一内容主要侧重于思想道德、个人修养以及综合素质教育。二是职业技能提升，这一内容主要是理论知识的学习与实操能力的培养。然而在实际操作中市场需求导向的盲目性和学习者短平快的心理，往往导致学校教学重眼前而轻长远，重操作而轻理论。

（二）教育者与受教育者的自我定位模糊

《国家职业教育改革实施方案》（简称"职教20条"）中明确指出，职业院校新招聘教师必须有3年以上企业工作经历，已有教师每年至少1个月在企业或实训基地。这就要求职业院校的教师必须具有较强的实践操作能力和较丰富的工作经验。然而在实际工作中，教师既要面对职称晋升压力，又要面对自我理论知识和实操能力更新迭代的压力。这些压力使得教师左右摇摆，定位模糊。职业院校的受教育者大多是由于文化课基础薄弱或者实际工作技能和能力不足而选择职业教育的。大多数职校生入校前的主要目标就是习得一技之长以立足于社会，然而入学后，他们发现同专业学生之间竞争激烈，满意的就业岗位不断减少，究竟应该工作还是深造、就业还是创业？他们面临着一系列抉择。同时，学校的职业素养教育给他们的预期学习目标不断加码，这都导致学生在学习中定位模糊。

（三）职业院校培养目标与学习者的成才目标有待融合

职业教育人才培养目标决定了职业教育培养什么样的人，是职业教育中最重要的问题，也影响职业教育人才的培养质量和规格质量。直至今日，我国职业教育人才培养目标的定位仍旧不合理，此现状导致的问题在如今新技术、新产业、新业态、新模式（简称"四新"）风起云涌的背景下显得愈发明显，并成为困扰职业院校进一步提高教育质量的根源问题。有些职业院校片面追求学科理论知识的灌输，过分倚靠学科体系的培养方式，而忽视了对岗位实操技能的培养；另外，部分院校则片面强调以就业为导向的岗位能力培养，教授给学生单纯的操作技能，使得学生缺乏宽广的专业知识面，以及岗位迁移能力和可持续发展能力；有的院校则偏重"技"的传授，将"德"与"技"生硬割裂，最终导致无法实现育人与育才的辩证统一，我们需要进一步探索职业教育人才培养目标变革的可能性，究竟现实发展路径该怎样与职业教育人才培养目标相契合，是十分值得探讨的问题。

二、当代职业教育人才培养目标分析及其影响因素

（一）当代职业教育人才培养目标分析

培养目标在教育工作中占有重要的地位，它不仅是教育教学活动顺利开展的前提和基础，同时也是教育活动的归宿。所谓培养目标，就是在国家总的教育目的指导下，各级各类学校对受教育者的发展方向、教学内容应达到的规格所提出的要求。培养目标是一个具有系统性、层次性的概念，我国各级各类教育的培养目标构成了一个总的目标体系，职业教育的培养目标就是其中的一个组成部分。职业教育的培养目标要求其人才质量应符合以下几个方面：一是具有形成技术应用能力所必需的基础理论知识和专业知识；二是具有较强的综合运用各种知识和技能，解决现场实际问题的能力；三是具有良好的职业道德，具备爱岗敬业、艰苦创业、踏实肯干、与人合作的精神，安心在生产、建设、管理、服务第一线工作；四是具有较好的心理品质和健康的体魄。

人才培养目标的确立决定了人才培养要素的配置过程和结果，并且受政治、经济、院校自身等多种因素的影响。因此，分析培养目标的影响因素对更加科学地制定人才培养目标是极其有帮助的。

（二）当代职业教育人才培养目标的影响因素

1. 国家教育方针政策的影响

职业教育培养目标应贯彻国家教育方针。不同时期的政策对人才培养有不同

的描述，每一种描述也反映了不同时期国家对人才培养的不同要求。因此，院校的人才培养目标制定也应与之相适应。如 20 世纪 80 年代的职业教育培养目标以"技术型"人才为导向。再如 2002 年《国务院关于大力推进职业教育改革与发展的决定》提出"培养一大批服务第一线的高素质劳动者和实用人才"。这一阶段我国的职业教育以培养"应用型"人才为导向。还有 2014 年《国务院关于加快发展现代职业教育的决定》明确指出"加快现代职业教育体系建设，培养数以亿计的高素质劳动者和技术技能人才"。这一时期的培养目标就是培养技术技能型人才。综上可以看出不同时期的方针不同，人才培养目标的方向也有所差异，落实到院校应针对不同情况制定更加适配自身的培养目标。

2. 教育类型的影响

职业教育人才培养目标的确立受教育类型特征的影响，职业教育的类型不同于普通教育。一方面，职业教育具有培养技能型人才的特点，因而具有教育和职业的双重属性，包括教授学生专业知识的教育性、德智体美全面发展的人文性、职业岗位人才培养的职业性、注重职业能力形成和注重实践能力培养的实践性。另一方面，职业教育类型特征的变化也要考虑到自身的发展变更。在不同时期，教育研究者对职业教育的性质、定位、人才培养等基本问题的研究都在不断更新。我国职业教育包括初等职业教育、中等职业教育、高等职业教育。初等职业教育是在完成小学教育的基础上进行的职业教育；中等职业教育最早主要由中等专业学校、技工学校和职业中学这三类承担，随着时代的变革、经济结构的调整和人才规格的变化，这三类学校的培养目标界限逐渐模糊，有合为一体的趋势；高等职业教育是在完成高中教育或中职教育的基础上实行职业教育的普通高等学校和五年制高职校，大多被称为职业技术学院，正逐渐取代高等专科学校。从职业教育学校的融合发展可以看出，随着时代的不断变化职业教育也在不断发展，并且在新时代背景下，职业教育具备开放性、灵活性，更加多元化和个性化。综上可以看出，依据职业教育的教育类型特征、随着时代的变化，其人才培养也要视情况进行调整。

3. 教育发展的时代性影响

职业教育人才培养目标的确立受时代教育背景、经济发展状况和社会变革等因素的影响。不同时代职业教育所面临的社会背景不同，对人才培养提出的要求也不同。从教育背景来看，在 2017 年召开的党第十九次全国代表大会的报告中，习近平指出要贯彻党的教育方针，落实立德树人根本任务，发展素质教育，推进教育公平，培养全面发展的社会主义建设者和接班人；加强师风师德的建设，培养高素质教师队伍；在职业教育方面要完善教育培训体系，深化校企合作和产教融合。此后，为贯彻党的十九大的教育精神国家提出一系列政策，如2018年提出了《教师教育振兴行动计划（2018—2022年）》，当中提到落实立德树人根本任务、为提升教师教育质量而加强教师队伍建设，培养师德高尚、业务精湛、结构合理、充满活力的教师队伍。再如2019年印发《深化新时代职业教育"双师型"教师队伍建设改革实施方案》，提到加强师德师风建设，突出"双师型"教师个体成长和"双师型"教学团队建设相结合，提高教师教育教学能力和专业实践能力等要求。由此可见，国家会根据教育方针、路线来逐步实施教育精神，而不同时代的教育背景是不同的，因此教育方针也是有所差异的，培养目标的制定也应符合这种时代差异。从经济背景和社会变革的角度来看，人类历史上发生过三次经济革命，有四种基本经济形态，即原始经济、农业经济、工业经济和信息经济。原始经济和农业经济时代的教育基本上是一种小规模、分散的教育，工业时代的社会化教育模式是以学校、教师、课程等的大规模生产为主要属性的。在信息经济时代，远程、虚拟网络信息化教学已成为教育的主流。因此，在不同的经济背景下，人才培养目标的确立也会受到影响而进行调整。

4. 学校自身办学条件的影响

职业教育人才培养目标的确立会受学校专业、资源、办学特色和层次等教育因素的影响。首先，根据2020年颁布的最新中职、高职专业目录来看，都包括农林牧渔、资源环境、能源与新能源类等19个大类。因此，职业院校会根据中高职不同的专业设置相应的培养专业，继而制定不同的培养目标。其次，不同职业技术院校的办学特点和办学水平不同，实现培养目标的资源和条件也不同，人才培养目标的制定也不同。可见，培养目标的确立有不可忽视的影响因素。因此，制定培养目标要审时度势做好相关情况分析，落实好国家方针、区分好教育类型、遵循时代要求，同时关注学校自身办学条件等，更合理地制定培养目标。

三、当代职业教育培养目标的要求

人才培养目标的素质要求方面，我们发现德国应用科学大学的人才培养注重技术运用能力与综合职业能力，美国社区学院在人才培养中注重人本主义，日本技术科学大学的人才培养注重能力主义与工程复合能力。我们国家的职业教育也应具有以下要求：

（一）培养具有实践精神的人才

实践性是职业教育的特色属性，指的是职业教育与社会生产实践相结合，专注于解决行业产业中的具体实际问题。职业教育作为类型教育，要坚守住所培养人才的实践性，具体来说要在三个方面进行落实：一是教学与生产紧密衔接。职业教育要想保证人才的实践性特征，就要使专业、课程与教学这三个人才培养过程中的核心要素体现出产业发展需要与岗位工作要求，使职业教育适应于生产过程并与生产过程保持一致。二是以实践教学为重点。职业教育是面向岗位或者岗位群的工具性很强的教育，要想使人才具有实践精神就要践行实践教学。长期以来，在普通教育的影响之下，职业教育的实践性教学一直浮于表面，导致职业教育出现定位模糊的现象。三是将用人单位的满意度作为职业教育评价的准绳。职业教育以就业为导向，根据市场的需要培养人才，企事业单位作为社会生产建设的主体，同时也是职业教育所生产出来的"产品"的享用者与消费方，所以职业教育人才培养的成效评价应该由劳动力市场中的用人单位说了算。

（二）培养德技并修的人才

长期以来，我国义务教育阶段的素质教育备受各界的关注，而职业教育阶段的素质教育似乎很少被关注到。2014 年《国务院关于加快发展现代职业教育的决定》指出"要全面实施素质教育，科学合理设置课程，将职业道德、人文素养教育贯穿培养全过程"。

职业教育人才培养的目标定位于德技并修，促进人的全面发展就要具体做到下面两点：一是要坚持"立德树人"，全面提高学生的道德与职业修养。职业教育人才培养要求我们崇尚劳动光荣之德、追求精益求精之德以及奋斗拼搏之德。二是强化通识教育，为学生进一步深造奠定基础。重视通识教育，构建系统的基础知识框架，在教学的同时培养学生的自主学习能力，保证学生的可深造性，体现"终身学习"的内在要求。

（三）培养具备创新能力的人才

职业教育的人才培养目标并不只是在中等职业教育与专科职业教育基础上的简单加码，而是应该提高站位，从国家战略、产业结构升级、现代职业教育体系构建等角度进行综合分析。要为我们国家从制造大国向制造强国转变、产业从全球价值链的中低端向中高端转变以及新技术推动下的产业革命提供一线高端人才支撑。这就要求职业教育培养的人才在具备高素质能力基础之上拥有创新能力，具备创新思维与创新精神。

（四）培养具有特色性的人才

在人才培养过程中注重人才的特色性不仅是职业教育服务于地方区域经济社会发展的客观要求，也是职业教育本质性的外在表现。相较于普通教育教授基础理论知识，其关注的大多为客观世界不变的一面；职业教育传授技术技能，面向的是现实生产实际，关注的大多是客观世界实践变化的一面，具有特殊性。因此，要想使所培养的人才具有特色性就要做到以下几点。一是突出地方特色。突出地方特色即注重区域性，职业教育最大的特征是与生产实践紧密联系，生产本身就具有区域性，各个地方的特色产业与支柱型产业是不同的，所以当地的职业教育服务于当地的经济社会发展，就要根据当地的特色产业与支柱型产业制定人才培养目标。二是突出专业特色。专业设置要与产业需求相对应这是《国家职业教育改革实施方案》中对职业教育的办学要求。不同地区的区位特征、社情民情、资源禀赋等存在不同，所以就算是相同的产业在不同的地区也表现出不同的形态，那么同一种专业在不同的地区的职业教育的教学体系中就要在教学设计、教材选择、教学实施等方面表现出不同，形成职业教育专业设置自身的特色。

第二章　当代职业教育的现状与发展

职业教育伴随着高质量发展的顶层设计和日趋完善的配套设施、管理机制等已取得了一定的成果和成效,但职业教育高质量发展的路上还存在一些问题。新时代背景下,要明确职业教育的发展问题及发展趋势,为区域社会经济发展做出更大的贡献。本章分为职业教育的发展背景、当代职业教育的现状、当代职业教育的发展动力、当代职业教育的发展趋势四部分。

第一节　职业教育的发展背景

一、信息化背景

联合国教科文组织(UNESCO)将教育信息化发展分为"起步、应用、融合、创新"四个阶段,我国教育信息化已从1.0迈向2.0,职业教育信息化进入融合创新阶段,要加速实现职业教育的三大融合:一是在教育层面上实现当代信息技术与职业教育教学的深度融合,推动职业教育深层次改革创新,体现为开放性、共享性、交互性与协作性;二是在技术层面上实现虚拟世界与现实世界两重世界的融合,体现为数字化、网络化、智能化和多媒体化;三是借助信息化力量,真正实现现代化意义上的校企融合,体现为网络化、远程化、虚拟化。近年来,物联网、云计算、人工智能等新一代信息技术飞速发展,为建立以信息技术为支撑的智慧校园奠定了基础。教育信息化大力推进了智慧校园建设,改造了传统的职业教育模式,这对于职业教育的高质量发展具有重要意义。

二、国际化背景

国际化是指物质和精神产品的流动冲破区域和国界的束缚,影响到世界各地人们的生活。它以经济全球化为核心,包含着各国、各民族、各地区的政治、文化、科技、军事、安全、意识形态、生活方式、价值观念等多层次、多领域的相互联系、依赖、影响、制约的多元概念。经济全球化必然要求人才能力国际化、人才素质国际化。职业教育作为国家发展战略，必然要对经济全球化做出回应。

职业教育的发展观就是要关注人的职业发展。经济全球化背景下，针对人的发展，要求职业教育要促使学生学会学习、学会合作、学会做事、学会创新服务；既要关注现在，更要关注未来的发展。

三、现代化背景

新中国成立以来，特别是改革开放以来，职业教育始终是社会主义现代化国家建设的重要支撑。数以亿计的职业院校学生在接受了基本的职业知识、掌握了基本的职业技能后走向生产服务一线，有效支撑起了中国的工业化道路。

党的十八大以来，党和政府高度重视现代职业教育的发展，从多方面加速了职业教育的现代化进程，主要表现在以下四个方面。一是制度建设的现代化，即确立了职业教育的类型地位，"纵向贯通、横向融通"的现代职业教育体系基本建成。这一关键举措，破除了过去将职业教育视为层次教育的政策定位、思维方式和制度设计，是全社会关于职业教育的一次"思想解放"，为后续职业教育的发展扫清了理念和制度障碍。此外，近10年来职业教育进一步完善了标准化治理模式，形成了包括国家教学标准、中高职学校设置标准、教师专业标准、校长专业标准等在内的较为完善的国家职业教育标准体系。二是硬件建设的现代化。2020年，全国职业教育总投入突破5000亿元。高地建设、"双高计划"、提质培优3年行动计划带动几千亿地方经费和社会资本进入职业教育领域。财政经费占我国中职和高职教育经费收入的比重也分别达到了89%和69%，随着中高职教育经费制度的建立并完善，中高职院校的办学硬件水平逐年提升。三是内涵建设的现代化。党的十八大以来，以"三教"改革、现代学徒制试点、新形态教材改革等为代表的一批人才培养改革项目，进一步推进了能力本位、理实一体、行动导向的职业教育人才培养改革。四是对外交往的现代化。伴随"一带一路"倡议的深入推进，目前我国职业院校与23个国家和地区合作建成了25个鲁班工坊，在40多个国家和地区合作开设了"中文+职业教育"特色项目，与28个国家和地区开展合作办学，机构和项目有1000多个，被国（境）外采用的专业教学标准有1000多项、课程标准有6000多项、专业课程有2000多门。

近些年来职业教育的现代化发展，缓解了职业教育大而不强、优而不特的发展矛盾，实现了从学习到转化，再到创新和输出的转变。尤其是2021年"建设技能型社会"目标的提出，将职业教育的发展嵌入了社会改革层面，形成了社会各界协同发展职业教育的新局面，夯实了迈向中国式职业教育现代化的基础。

第二节　当代职业教育的现状

一、当代职业教育的发展现状

职业教育在推动人才培养，促进创新创业，进而促进经济、科技发展等方面发挥着重要作用。

随着我国进入发展的新阶段，要实现经济的高速和高质量发展，人才的培养是一个不容忽视的问题，特别是对于技术型人才的培养，我国的技能人才缺口较大，高级技术人员和高级工供不应求。因此，大力发展职业教育，把职业教育放在重要的位置，发挥职业教育的重要作用越来越受到人们的重视。自2009年开始，我国的职业教育发展步入现代职教体系建立阶段。理解国家对职业教育的新政策对于开展教学和管理工作的重要性不言而喻。

近年来，党中央一直强调加强职业教育的重要性，职业教育的受重视程度越来越高。2014年6月，习近平就加快职业教育发展做出重要指示，"职业教育是国民教育体系和人力资源开发的重要组成部分，是广大青年打开通往成功成才大门的重要途径，肩负着培养多样化人才、传承技术技能、促进就业创业的重要职责，必须高度重视、加快发展"。2015年6月，习近平在贵州省机械工业学校考察时指出，"职业教育是我国教育体系中的重要组成部分，是培养高素质技能型人才的基础工程，要上下共同努力进一步办好"。2019年2月13日国务院发布的《国家职业教育改革实施方案》指出，要把职业教育和普通教育放在同等重要的位置，突出职业教育在当下社会经济发展中的作用，计划通过5～10年的时间，实现职业教育办学模式多元化，由目前的以国家公立办学为主向政府统筹、社会参与的多元化办学模式转变，同时促进产教融合、校企"双元"育人，推动学校、企业全面深入合作，全力打造高水平、高标准实训基地，多管齐下锤炼"双师型"教师队伍。

2019年2月，中共中央、国务院印发《中国教育现代化2035》，指出2035年要形成全社会共同参与的教育治理新格局。全力推动职业教育与地方特色产业发展有机衔接、深度融合，集中力量建成一批中国特色高水平职业院校和专业。同时，积极推动职业院校优化人才培养结构，正确引导职业院校依照社会需求深层次调整学科专业结构，明确实现教育现代化的实施路径，完善区域教育发展协作机制和教育对口支援机制，促进不同地区的职业教育发展，协同推进教育现代化建设。

教育部于 2019 年 4 月发布了《关于在院校实施"学历证书 + 若干职业技能等级证书"制度试点方案》，《关于在院校实施"学历证书 + 若干职业技能等级证书"制度试点方案》中指出要以社会化机制组建职业教育评价系统，形成社会认可度高的职业技能评价组织，开发出适用于特定专业技能鉴定的等级标准，通过方案的试点工作，深化职业教育在教材、教法和教师中的改革。"1+X"证书的试点工作对职业教育人才培养模式创新有着重要意义，其中"1"指的是，接受职业学院教育的学生在校期间完成相应课程达到毕业要求取得的毕业证书，是劳动力的学历水平证明；"X"指代学生通过专业技术培训后取得的与所学专业相关的职业技能资格证书，职业资格证书是学生、社会劳动力在就业过程中获得社会认可的重要依据。"1+X"证书制度的推行，是满足国家和社会对专业技术人才的迫切需求，使得劳动力与工作岗位高度契合的途径，是国家对人才培养培训模式和评价模式的重要探索。

2019 年 11 月，教育部办公厅等十四个部门联合印发了《职业院校全面开展职业培训促进就业创业行动计划（2019—2022 年）》，《职业院校全面开展职业培训促进就业创业行动计划（2019—2022 年）》主要由 3 个部分、共 16 条指导组成，主要内容是通过职业院校面向社会广泛开展培训，最终达到扩大就业、提升服务劳动力素质的目的。该计划要使职业院校成为学生就业创业培训的重要阵地，且计划开展各类职业培训年均 5000 万人次以上。在此之前，职业院校的技能培训与社会职业技能培训机构的教育活动是几乎无交集的，社会劳动力无法享受职业院校的培训资源，职业院校也无法充分发挥其资源上的优势。根据《职业院校全面开展职业培训促进就业创业行动计划（2019—2022 年）》，国家鼓励形成职业教育办学的新格局，把学历提升和非学历职业培训放在同等重要的位置。加大对职业院校培训补贴的规模，由政府牵头，加深学校与企业合作的程度，提高校企合作的质量，创建有利于培养学生动手能力的实训基地，同时注重"双师型"教师队伍的培养，提高教师队伍素质，打造"懂理论、有经验、能实践、会教研"的教师队伍，使其能够同时承担针对在校生的学历教育和校外的社会培训任务。

随着国家现代化和工业化的发展，现代职业教育体系在社会中的作用越来越凸现。为了保证国家相关计划的顺利实施，发挥技能型人才在岗位上的作用，必须把职业教育改革、人才培养模式创新、产教融合深入以及教师队伍建设摆在突出的位置。2022年4月20日，经第十三届全国人民代表大会常务委员会第三十四次会议讨论，《中华人民共和国职业教育法》修订完成。修订后的《中华人民共和国职业教育法》明确了职业教育是与普通教育具有同等重要地位的教育类型，应着力提升职业教育的认可度，深化产教融合、校企合作，完善职业教育保障制度和措施，更好地推动职业教育高质量发展。修订后的《中华人民共和国职业教育法》明确了要在义务教育后实行"普职协同发展"，意味着职业教育将与普通教育"同等重视、同等投入、同等保障"。"普职协同发展"并不是要取消中等职业教育，而是要转变中等职业教育的思路，提升中等职业教育自身的质量，拓宽中等职业教育学生的成长成才通道。修订后的《中华人民共和国职业教育法》明确规定，各级人民政府应当创造公平的就业环境。用人单位不得设置妨碍职业学校毕业生平等就业、公平竞争的报考、录用、聘用条件。机关、事业单位、国有企业在招录、招聘技术技能岗位人员时，应当明确技术技能要求，将技术技能水平作为录用、聘用的重要条件。事业单位公开招聘中有职业技能等级要求的岗位，可以适当降低学历要求。此外，还明确规定，国家应采取措施，提高技术技能人才的社会地位和待遇。

在职业教育发展保障部分，修订后的《中华人民共和国职业教育法》规定了国务院教育行政部门到县级人民政府在职业教育方面的具体职责，理顺了职业教育投入机制。修订后的《中华人民共和国职业教育法》明确了"产教融合"的职业教育办学模式，在法条中用9处"鼓励"、23处"应当"和4处"必须"进一步明确了诸多举措，明晰了行业和企业支持职业教育高质量发展的社会责任，瞄准了产教融而不合、校企合作不深不实的痛点、堵点，着力提升企业对高质量职业教育的参与度，建设高水平职业教育体系。

修订后的《中华人民共和国职业教育法》使得依法治教有了法律依据，明确了职业教育中企业的办学主体地位，强化了职业教育多元化办学体制与统筹管理，统筹了职业教育的多渠道经费保障。修订后的《中华人民共和国职业教育法》瞄准我国所面临的专业技能人才短缺、时代工匠匮乏、社会竞争激烈的发展问题，着力构建完善、丰富的教育体系，强调职业教育的重要地位，标志着中国进入职业教育高质量发展和建设技能型社会的新阶段。

国家对职业教育相关政策的制定和完善为各地区实施人才培养战略提供了强有力的支撑，是实现人才强国战略，优化劳动力结构，服务于创新型、技能型社会的强力保障。

随着党中央的大力推进，职业教育事业开展得如火如荼，作为其主体之一的高等职业教育也在不断地发展与进步。专业结构不断优化，实现了专业动态调整。办学体制机制不断创新，"股份制""混合所有制"多制并举，产教融合不断深入。书证融通不断推进，技能证书获取成为学生培育重点。育人模式改善，"三全育人""课程思政"贯穿于人才培育全过程。师资力量不断增强，教师技术技能不断提高，"双师型"教师比例不断增多。职业本科化进程加快，通过职业学校升级、独立学院转设以及高校合并等方式，"职业大学"越来越多，职业教育本科体系逐渐完善，但是相对于国外不少发达国家，我国的职业教育发展仍存在许多不足之处。

二、当代职业教育存在的问题及成因

（一）职业教育存在的问题

1. 职业教育资源配置失衡

近年来，国家对职业教育的关注度和资金投入力度不断加大，但依旧远远不够。职业教育很多课程为了更贴近于企业生产，实训教学需要使用各种先进的设备和耗材，但实际上未获得足够的支持。

2. 师资队伍、管理队伍建设不健全

教育离不开教师，职业教育的教师需要具备专业知识和实践操作技能，即"双师型"教师。当前，职业院校的教师主体大部分是从普通高校毕业的学生，来源单一且存在着一定的结构性问题。此类教师有较高的专业理论知识和科研水平，但大多没有企业工作经历，不了解企业的工作流程和操作技能，缺乏实操经验。企业的能工巧匠，操作技能高，深度了解企业的运行和技术操作，但学历和教学能力水平不符合职业院校的要求，招聘教师时难以突破年龄、学历等政策条件限制，难以引入社会上的能工巧匠担任专业课教师。如形象设计、摄影、酒店管理、中西餐制作等专业，企业里本科以上学历的专业人才凤毛麟角，即使学校能聘到能工巧匠，也无法给予相适应的职称和工资待遇，造成能工巧匠"进不来"。如何将两者有机结合，是提高职业教育质量的关键所在。

3. 职业教育校企融合度不高

职业教育校企合作对于积极构建现代职业教育体系和提升职业教育育人水平有着非常重要的作用，我国在促进职业教育校企合作方面做了不少工作，进行了不少有意义的探索。通过调研发现，职业教育校企合作还存在一些问题，主要体现在合作主体积极性不高、能力不够，校企合作稳定性差、长效性不够，校企合作覆盖面不高等方面。

（1）校企合作主体积极性不高、意愿不强

校企合作主要是合作的参与主体通过合作项目的开展，而达成合作的目的，而合作主体积极性不高成为校企合作开展的主要问题。根据调研，校企合作主体积极性不高主要体现在以下几个方面。

一是企业参与校企合作的积极性不高。企业参与校企合作的积极性不高，从客观上限制了企业在校企合作中的主动性，从而影响了校企合作水平的提高。企业参与校企合作的主动性不够的原因有两个方面：一方面是企业对于校企合作的意义认识不到位，企业参与职业教育的社会责任意识不强；另一方面是政府的相关扶持激励政策没有落实到位，校企合作给企业带来的利益达不到激励企业参与合作的目的。

二是职业院校由于受传统教育惯性思维的影响，对于开展校企合作的主动性也不够。在调研过程中发现，职业院校的校企合作大多是职业院校主动向企业寻找合作机会，企业往往处于被动合作的地位，而职业院校寻求校企合作的主动性成为推动校企合作的关键因素。一方面，职业院校对于校企合作的主动性受限于学校领导的重视程度，重视程度越高的学校校企合作开展得越多；另一方面，职业院校校企合作的主动性还受制于学校办学自主性的大小，学校办学自主性越高的学校，参与校企合作的机会越多，这一点在民办职业院校中可以得到印证，由于民办学校受政府指导和限制比较少，学校参与校企合作的主动性和机会也就越多。

三是职业院校师生参与校企合作的积极性不高。从调查中可知，一方面，学生对于参与校企合作项目存在积极性不高、评价呈现两极分化等方面的问题；另一方面，在校企合作中对于学生权益的保护程度和学生参与校企合作的人身安全也是学生及家长对于学生参加校企合作态度的客观影响因素，可能会从整体上影响学生参与校企合作的积极性和对校企合作的评价。

总体来讲，部分职业院校师生对校企合作积极性不高，客观上限制了校企合作的开展，而师生积极性不高，一方面和认识观念有关系，另一方面是缺乏对师生权益的保障，对师生参与校企合作的外在激励因素不够。

（2）校企合作主体能力不够、功能不强

通过调研发现，校企合作网络主体角色定位不准以及自身能力不足、功能不强已成为制约职业教育校企合作水平提升的结构性问题。具体来讲，主要表现在以下几个方面。

第一，政府的主导性功能没有得到完全发挥。政府主导功能不强主要体现在以下方面：首先，政府在校企合作中主要发挥政策制定、搭建平台、评价考核等方面的作用，但是在调查中发现，虽然从中央到地方，都有关于校企合作的宏观政策法规，但是相关政策的配套措施以及政策落实存在明显欠缺；其次，部分地区的政府对于政策的宣讲和传达存在问题，有相当多的企业对于相关政策措施不了解，政府对于营造适宜开展校企合作的社会氛围着力不够；最后，政府服务功能碎片化，根据《中华人民共和国职业教育法》等各级政府部门文件，政府在促进职业教育校企合作中，应给予相关方用地、财税、金融等方面的帮扶，这需要政府多部门联合的有力支撑，但部分地区的政府各部门之间缺乏协作配合，导致决策科学化水平不高，服务职业教育校企合作方面的工作职能碎片化，导致政府主导能力、服务能力不强。

第二，职业院校适应行业企业需求的能力不强。一方面是部分职业院校在专业设置、课程开发方面和企业需要脱节，同时部分职业院校在对学生社会能力的培养上和企业文化脱节；另一方面，部分职业院校在技术研发和创新方面的能力较弱，与企业的需求尚有较大的距离。以上两方面的因素导致部分职业院校社会服务能力较弱，无法满足企业合作的要求。这也从客观上导致了校企合作层次不高，合作内涵不丰富，大多数校企合作仅仅停留在学生实习实践上，未能就其他方面开展深入的合作。

（3）校企合作覆盖面不广

通过调研发现，部分地区的职业教育校企合作在不断发展提高的同时，在对职业院校、企业、院校学生的覆盖面上并不广泛，从而限制了职业教育校企合作的进一步提升，该问题主要表现在以下几个方面。

首先，企业参与面小，影响校企合作规模。调研结果显示，在校企合作发展过程中，参与的行业大多集中在第二三产业，如制造业、旅游管理等行业。另外，参与校企合作的企业大多是大中型骨干企业，而数量众多的中小企业并未积极参与到职业教育校企合作中来，而在参与企业属性方面，参与企业中大部分属于国有企业，私人企业和外资企业占比相对较少，这表示外资和私人企业参与校企合作的能动性较低。

其次，职业院校参与校企合作不均衡。就职业院校参与校企合作的情况来说，国家级或省级重点高等职业院校和有实力的中等职业院校参与度较高，校企合作开展较多，而对于一般职业院校而言参与度不高。一方面是因为有实力的院校更有能力和实力开展校企合作，更能吸引企业合作；另一方面，因为校企合作的开展，职业院校的教学水平和社会知名度会提高，从而加大了校企合作的不均衡，进而深化了职业教育资源的不均衡性。

最后，校企合作对职业院校学生的覆盖率不高。调查结果显示，目前职业院校学生参与校企合作的比例普遍偏低，校企合作对在校学生的覆盖率不高，这从中也反映出校企合作对促进职业教育育人水平提升和促进职业教育发展所发挥的作用还没有得到充分发挥。

（4）校企合作层次低、稳定性差

通过调研发现，职业教育校企合作总体呈现合作层次较低、校企合作稳定性差的问题。当前职业教育校企合作的层次总体不高，校企合作往往仅限于工厂参观、实训、实践等浅层次的校企合作，未能从学生培养目标、专业设置、课程开发、技术合作、人员交流、人才评价标准等方面开展有效深入的合作。合作的层次不高、深度不够，进而也影响了校企合作的稳定性和持久性，校企合作存在短期性和间歇性的特征，这和大多数教职工认为校企合作缺乏稳定性的结果相吻合。

（二）职业教育存在问题的成因分析

1. 课程体系方面政府指导不到位

当前，职业教育的课程体系与建设覆盖全区域的职业教育体系的目标还有不小差距，政府教育部门在指导职业教育专业课程设计时，一定程度上缺乏对企业和行业发展的深度调查，课程内容与工作实际联系不紧密，表现为综合素质教育等基础课程在一定程度上受到忽视，这是职业教育与本地产业融合度不高、推动技术创新能力不强和促进本地就业和人的全面发展作用发挥不充分的重要原因。

（1）教学内容重物质效益轻技术创新

目前，职业教育更多考虑的是经济收益和学校声誉，课程体系和教学内容大多围绕资格等级证书考试设计，导致课程内容设置和授课方式过于单一，教师和学生在课堂与实验中受到限制，教师授课没有自由的发挥空间，个人经验无法融入课程之中，学生处于被动接受的状态，缺乏独立操作、独立解决问题的机会，无法提升自主学习能力和创新能力。例如，在使用学习工具时只能采用标准的动作和姿势，操作流程要像背台词一样一字不差，导致提升劳动能力和促进技术创新的作用发挥得不充分。

（2）关注客观需要，忽视人的发展

一是对人的全面发展重视程度不够，更多是以提高学生专业考试成绩和获得专业领域奖项为主，忽视了对学生思想道德、职业操守、人生观、价值观等方面的教育。

二是职业道德教育的路径不明确。一方面，学生既不清楚职业道德教育的内容，也不清楚职业道德教育对自身长期发展带来的帮助；另一方面，一些学校功利地把职业教育等同于规章制度或行为准则，没有在职场规则、人际交往等方面为学生提供更多帮助，与当前社会环境快速变革的情况格格不入。

三是思想教育的专业师资力量不足，要么兼任教师占大多数，要么一名教师对应过多学生。而且，部分教师自身专业素养不高，没有及时适应行业、社会的快速变化，无法因地制宜、因材施教地进行职业道德教育，这是学生综合素质和道德水平不高的重要原因。

2. 教育公平方面政府职能发挥不充分

根据教育公平理论和社会分层理论，随着我国改革开放以来经济社会发展的深刻变化，政府促进社会公平的职能发挥不充分，导致人们更多把经济实力作为衡量成功的根本标准，教育与经济双向作用，导致教育公平成为社会热点和矛盾交点。目前，深化职业教育体制改革也面临职业教育不公平的挑战，包括职业教育内部和各类教育形式之间不公平的现象，这是造成职业教育毕业生收入不高、对特殊群众覆盖不够和受到社会歧视等的重要原因。

（1）接受职业教育的权利和机会不平等方面

如今，职业教育的形式相对单一，没有提供多层次、多类型的教育。一是学校教育与职业培训之间不平等，更多是为青少年学生提供学习机会，而针对农民工、下岗再就业人员、在职工人、农村转移劳动力等群体举办的职业培训不多，推动再就业和职业转化不到位。二是更多重视城市教育，忽视农村教育，存在重城市轻农村的现象，无论是校园建设、专业设置、教师配备、经费投入还是教学质量农村学校都远远赶不上城市学校。三是重视强势群体教育，忽视弱势群体教育，对老弱病残、少数民族、农民工等群体的关心和覆盖不够。

（2）获得发展机会、待遇和社会认可不公平方面

与普通教育相比，职业教育在课程体系、硬件设施、教师能力、行政管理等方面仍存在差距。职教学生进入社会后接受成人教育、继续教育和职业培训的机会不多，随着科学革命和技术更新的加快，其适应现代职业需求的能力不高，给人留下了就业水平低、就业质量不高的印象。大家普遍认为就读职业学校要么是学习不行、要么是家庭条件不好，这是职业教育受到社会歧视的重要原因。

（3）就业市场"买方"与"卖方"不平等方面

在我国劳动力过剩的社会背景下，"就业"是"买方"市场的天下，企业招聘对职业教育毕业生在身份、背景、能力方面存在歧视。那些工资待遇好、社会保障性高的行业，往往依据接受教育程度的高低进行评判，甚至出现唯学历论、唯职称论，职业教育学位的认可度不高，缺乏竞争力，在一岗难求的背景下失业率较高，这是职教毕业生工资水平偏低的重要原因。

3.办学模式方面政校企融合不到位

（1）校企合作网络结构僵化

网络结构要素应该包括以下三个方面：网络中的结点、结点与结点之间的联系以及整个网络的形态。职业教育校企合作网络在结构方面，包括网络主体（政、行、校、企、学等）自身的问题，同时也存在主体之间联系与校企合作网络整体形态的问题。校企合作网络结构的僵化导致合作主体活力不够、合作能力不强，整个校企合作网络缺乏活力。资源依赖理论能很好地解释产生上述问题的原因。根据资源依赖理论的解释，合作主体之间资源的依赖程度和主体自身的自主性是合作的两个变量，将影响合作的深度与持久性。

第一，校企合作中职业院校的自主性不强。根据资源依赖理论的解释，合作的过程意味着资源是依赖的，但是前提条件是组织必须具有自主性。在校企合作网络中，政府和职业院校都是参与主体，但是在现行教育体制下，职业院校和政府在很大程度上还在科层管理体制下，职业院校在办学的自主性上还受到很大限制，导致在校企合作过程中，职业院校在财权、事权等方面没有自主性，使得职业院校在校企合作中的主动性减弱。从而使得职业院校在校企合作网络中的活力降低。这使得在调研过程中发现的职业院校在校企合作过程中主动性不够，适应企业行业需求的能力不强的问题得到了印证。

第二，职业院校与企业的资源依赖程度不高。职业院校和企业在本质上是两个不同的组织领域，有着不同的利益诉求和管理理念。职业院校对外界环境依赖的资源主要来自政府部门，而企业对于外界环境的资源依赖主要来自市场，根据市场的规则来配置资源，双方由于资源的依赖性低，导致了校企合作本身基础较为薄弱，没有可持续性。

第三，地方政府在校企合作中角色功能缺位错位。在校企合作网络中，根据政府的职能定位可知，作为关键资源的掌握者，政府部门是校企合作政策的制定者和机制建立者，是合作建立的引导者，同时也是相关经费的投入者，更是校企合作的监督者。但是调研结果显示，在职业教育校企合作过程中，政府的缺位和错位导致政府在职业教育校企合作中的角色和功能缺失，从根本上限制了校企合作的运行绩效。政府缺位是指政府在校企合作目标设定、政策法规制定、经费支持、监督评价等环节未发挥其积极的作用，政府错位是指政府在校企合作中管了不该管的事情，限制了其他主体在合作中的积极性和主动性。

第四，校企合作主体之间互动联系不紧密。在网络治理视域下，对网络主体之间关系的治理，主要是对网络节点之间关系的密切程度和稳定性的治理，其目标是让网络主体之间保持一种对各方而言都有利的关系程度。

通过调查发现，在校企合作中，部分职业院校和企业的联系紧密度差。较为适宜的联系紧密度对校企合作的持续性和内容的广泛性起到重要作用。在职业教育校企合作网络中，存在网络主体之间互动不畅、联系不紧密等问题，主要表现在以下几个方面：一是政府在制定政策法规时未与职业院校和企业进行深入的沟通，未充分反映学校与企业的关键需求，未及时就校企合作中的障碍向学校与企业提供帮助，政府作为关键资源和行政权力的拥有者，应就职业院校和企业的需求做好充分调研，与校企做好联系沟通工作，只有这样，才能使政策制定得更加具有科学性并且能真实地反映现实问题。二是职业院校和企业合作主要依靠感情和信誉维持联系，交流联系缺少制度性安排，未建立完善的联系机制与交流平台，缺乏对职业教育全过程的深入融合，日常企业与院校的联系主要是通过合作项目的相关会议保持联系。三是从联系内容上来看，交流大多停留在浅层次的实践教学、顶岗实习等方面，在培养目标、专业设置标准、课程开发、人才培养与评价等方面尚未做深入衔接。

第五，校企合作网络整体形态松散缺乏创新。在网络治理视觉下，校企合作网络整体形态是对校企合作网络整体状态的描述，是网络结构是否优化的外在表现。通过调研发现，当前职业教育校企合作网络面临网络结构松散、不稳定、封闭、缺少创新等困境，主要体现在以下几个方面：一是校企合作网络整体呈现结构松散的状态，表现在校企合作网络主体不完整，角色缺位。在调研中发现，在一些校企合作项目中，只存在学校和企业双主体，在合作过程中存在政府指导缺位、行业指导缺位的问题，从而导致校企合作缺乏监督指导，导致校企合作混乱，效果偏低，另外第三方社会评价机构的缺失，导致校企合作绩效评价和反馈水平提高困难。二是校企合作网络不稳定，校企合作缺乏长效机制。在调研中发现，一些校企合作项目维持时间不长，合作各方在利益分配、权力归属和责任划分方面出现矛盾，导致校企合作无法稳定运行。三是校企合作网络封闭，在校企合作网络中没有形成退出机制与准入机制，导致校企合作主体单一，长时期的校企合作主体固化不利于校企合作的创新发展。四是校企合作网络缺乏创新，在校企合作中缺乏创新机制，导致校企合作网络无法针对校企合作结构机制模式进行创新，导致滞后于社会环境的变化，校企合作水平长期得不到提高。

（2）校企合作运行机制不健全

网络治理机制是指利用一系列激励约束、资源配置等方式对网络结点和主体的行为进行规制和调节，以达到使网络有序、高效运作，提升网络运行绩效的规则体系。其作用是通过网络结点之间的共享合作，提高资源的配置效率，最终实现网络整体的运作绩效的提升。校企合作网络治理机制包括校企合作网网络形成和维护机制、互动机制与共享机制，是提高校企合作网络运行绩效和保证校企合作网络顺利运行的网络制度规则设计。目前，校企合作网络治理机制的困境是限制校企合作水平提高的重要原因。

第一，政府的督导、协调机制不健全。本地企业和职业院校往往是由政府的不同职能部门管理的，监管机制、运行模式和利益取向都不相同。目前，部分地区的政府履行统筹协调、居中谋划的职能不到位，教育主管部门和企业主管部门处于双向隔离或者是点对点的低层次合作状态，双方缺少一个常设的沟通机构和有效的沟通方式，导致双方的合作还是处于浅层次，没有大量的人力、物力以及财力支持，研究解决实际问题缺少关键渠道。这是造成校企融合度不高和就地就业不畅的重要原因。

第二，校企合作形成和维护机制不完善。校企合作形成和维护机制主要包括信任机制、协调机制、激励机制等。通过调研发现，职业教育校企合作网络治理形成和维护机制存在的困境，具体表现在以下几个方面：

其一，校企合作信任机制的缺失。信任机制是网络的运行基础，其作用类似于市场的价格机制或者科层的权威机制。在校企合作网络中，信任关系的建立是合作主体维持合作关系的基本保证。

根据相关调查可知，校企合作网络主体之间的信任关系存在较大缺失，主要体现在以下几个方面。首先，职业院校与企业之间信任关系薄弱。职业院校与企业由于利益诉求不一致，双方在合作过程中会对对方行为的动机、目的以及是否对自身利益造成损失产生怀疑，如在校企合作项目中利益的分配以及校企合作矛盾的化解。通过调查得知，目前职业院校与企业的关系主要依靠双方信誉以及签订的合作契约来维持，校企双方的信任关系尚未真正建立。其次，学生对于校企合作主体的信任度不高。从调查中得知，学生对于自身权益的关切程度，直接影响到学生对于参与校企合作项目的积极性，这包括学生在校企合作中劳动报酬的给予、参与校企合作的人身安全保护、就业前景的扩展,等等。最后,职业院校与企业对政府的信任度待提高。校企合作本质上就是促进公共产品的产出,政府在校企合作中起到主导作用,在政策的制定以及校企合作的激励、监督检查方面负有责任。同时由于校企合作网络从本质上来讲就是自组织网络,企业遵循市场的原则从事生产活动,政府无权强迫企业参与校企合作,在这个过程中,政府取得企业的信任非常重要。但是在调查中发现,一些地方政府在制定政策、落实政策方面存在忽视企业利益的问题,政府在指导职业院校参与校企合作时,和职业院校沟通较少,这造成了职业院校和企业对于政府的信任度降低。

其二,协调机制的不足。信任机制的建立只有在协调机制完善的基础上才能真正建立起来,只有在网络主体之间就价值目标、资源共享等方面建立更好的协调机制,网络主体之间的信任关系才能真正建立,合作关系才能得以维持。校企合作网络中协调机制不足主要表现在以下几个方面:首先是协调内容单一,表现在校企合作网络中校企合作项目具体事项的协调较多,校企合作主体对于各方的价值认同和目标协调较少,针对合作主体信息不对称的问题协调较少,针对校企合作矛盾化解的协调较少。其次是合作主体协调参与不足,协调深度不够,在校企合作网络中,政府、行业、院校、企业都应该是协调的参与主体,但政府参与校企合作的协调力不够且不及时,政府扮演了"拉郎配""红娘"的角色,对于校企合作后续事务缺乏协调的持续性和深入,行业缺乏参与协调的主动性,职业院校和企业对于协调缺乏积极性。最后是协调的效果难以发挥,由于缺乏相关的协调机制和配套措施,在资金、信息和专业知识以及各方行动的一致性上没有达到协调效果。

其三,激励机制落实不到位。综合调查情况,校企合作激励机制落实不到位表现在,一方面,部分职业院校相关激励机制尚未建立,阻碍了教职工和学生参与校企合作的主动性和能动性的提高,另一方面,政府对于校企合作激励机制政策的细化和落实存在不足,对相关激励政策的宣传不到位。

第三,校企合作互动机制不健全。校企合作互动机制主要是指网络沟通和学习机制。校企合作沟通和学习的重要性主要体现在通过信息交流提高合作的顺畅度,通过相互学习提高合作的活力。互动机制的困境主要体现在以下几个方面。

一是机构设置不健全。通过调查得知,一些学校没有专门设置校企合作机构部门,同时针对企业的访谈调查得知,大部分企业都没有设置单独的校企合作部门,普遍安排人力资源部门来处理校企合作的相关事项。由于各个合作主体没有设立专门的校企合作机构,阻碍了合作主体之间的沟通学习。二是沟通学习内容单一，目前校企合作主体主要就校企合作项目做事务性沟通，对于合作主体的文化制度、利益诉求、发展规划、技术革新等沟通较少。三是沟通学习缺失制度性规范。校企合作主体沟通学习的随意性较大，没有形成制度性的沟通学习机制，沟通学习的时间、地点、内容、形式都比较随意，从而限制了沟通学习的效果。

第四，校企合作共享机制不足。校企合作共享机制主要是指资源配置和知识共享机制。由于各职业院校和企业等合作主体在资金、设备、人员、技术等方面存在各自的优势和局限，校企合作本质上是社会资源的重新配置和知识的共享。根据国家和地方相关的政策法规可知，校企合作的根本目的是让学校和企业的设备、技术、人员等实现优势互补、资源共享，最大限度地提高资源的使用效率。目前校企合作网络共享机制存在的困境主要表现在以下几个方面。

一是共享资源单一。目前校企合作主要集中在设备和人员的共享合作上，资金、技术比例偏少，在企业文化、管理制度等方面共享匮乏，造成了校企合作深度不够、校企融合不深入等问题。二是缺乏资源共享平台。由于校企合作各方信息的不对称性，对于资源的掌握，各方缺少充足有效的信息来源，造成了院校和企业盲目寻找合作对象，从而造成资源配置的不均衡。三是缺少对资源共享的激励机制。在校企合作中，资源的共享是出于自愿而不是强迫，目前缺乏相关的激励机制使资源的掌握者主动参与资源共享，使得相关合作主体缺少共享资源的动机和积极性。

第三节　当代职业教育的发展动力

职业教育的发展动力是指推动职业教育运动和发展的力量。职业教育的发展动力可分为宏观层面的动力和微观层面的动力，现实的职业教育的发展动力是宏观动力和微观动力的统一。

一、当代职业教育发展的宏观动力

职业教育的宏观发展动力最初来源于基本机制中，而最终形成了基本机制之间关系的合力。

由经济社会发展母体中产生的职业教育需求机制是职业教育发展动力逻辑的起点，是职业教育发展的牵引力，它实际上是给社会发展提出了一个挑战——发展职业教育的挑战。社会要想继续生存和发展，就要从母体里分化和成长出一个部分去应战，这个部分就是以职业教育供给体系（培养体系）和服务保障体系为主要内容的社会职业教育体系。总的来讲，职业教育发展的宏观动力是由社会母体中自然产生的职业教育需求牵引力、职业教育培养体系中自发产生的驱动力、职业教育服务保障体系中自发产生的助动力和社会母体中自觉产生的推动力这四种力有机结合而形成的合力。这一动力体系的机理正好印证了老子《道德经》里的一句名言：既知其母，以知其子；既知其子，复归其母。

二、当代职业教育发展的微观动力

职业教育的具体组织和人员需要的是活力，要有活力，要能够卓有成效地、创造性地完成自己的工作，从而促进整个系统充满活力，成功应对挑战，在这一过程中达成微观与宏观的统一，从而实现自身应有的价值。

职业教育微观组织的活力源于什么？一是人，二是体制机制。"一个好的大学校长就是一所好的大学"，这句话同样适合于职业教育。因此，选拔优秀人才充实职业教育的各级组织，制定相关优惠政策吸引人才进入职业教育领域成为保持职业教育活力的重要条件之一。体制机制改革是职业教育保持活力非常重要的条件，职业教育的体制机制改革不仅要赶上社会改革的步伐，由于其特殊性和艰巨性还应该适度地超越社会其他一些领域的改变步伐。职业教育体制机制改革后应形成这样一个大的局面：社会对职业教育有足够的认识，校长有足够的权力，学校（或其他培训组织）有足够的财力，教师（或其他从业者）有足够的地位，学生有足够的待遇（与普通教育学生相比），职业教育各类组织有足够的活力。

第四节　当代职业教育的发展趋势

一、数字化转型持续推进

教育数字化转型的背景实际上是在回答为什么教育数字化转型会成为必然趋势。归纳其原因，有四点：一是社会变迁引起教育变革；二是产业转型驱动人才需求发生变化；三是技术演进改变了育人方式；四是政策支持促进教育数字化转型。

综合相关观点，可以认为职业教育数字化转型是一种在职业教育领域全面应用数字技术，以价值转型为导向、以数据要素为驱动和以实现系统变革为追求的持续创变的过程，最终更好地推动职业教育高质量发展和更快地推进职业教育的现代化进程。

一方面，应以数字技术应用推动职业教育评价创新。教育评价事关教育发展方向和价值取向。数字化时代的职业教育评价，区别于传统教育评价的一大特征，就是以数据为依据，用数据说话，通过人工智能、大数据等技术形成科学、智慧、精准的教育评价体系。另一方面，应构建职业教育数字化转型多部门协同机制。数据互通共享是数字化的典型特征。职业教育数字化转型，在逻辑上理应充分发挥数字技术、数字化建设所带来的优势，赋能职业教育高水平、高质量发展。鉴于此，职业院校要加强与政府部门、行业企业等组织的协同联动，构建职业教育数字化转型多部门协同机制。

二、向国际化方向发展

简单来说，教育国际化就是在世界经济全球化的推动下和在国际教育贸易市场开放的前提下，教育要素在国际加速流动，教育资源在国际进行配置，各国在人才培养目标的确定、教育内容的选择以及教育手段和方法的采用等方面不仅要满足来自本国、本土化的要求，而且要适应国际产业分工协作、国际贸易互补等经济文化交流与合作的新形势。

随着经济全球化、一体化发展，我国参与全球经济治理的能力不断提升，提升职业教育国际化水平和培养具有国际适应能力的职业人才成为现代职业教育发展的重要内容。配合"一带一路"建设和中国企业走出去，促进国际产能合作，近年来我国职业教育国际化进程加快，除了招收国际留学生外，走出去到国外办学的实践越来越多，尤其是天津的海外鲁班工坊，已在亚非欧三大洲19个国家建成20个鲁班工坊，成为继孔子学院后对外交流的重要窗口、"一带一路"国家本土化人才培养的新动能、职业教育国际化的新典范。鲁班工坊的国际化与发达国家职业教育国际化不同，是与企业一起走出去主动服务沿线国家、培养本土化技术技能人才的国际化，是按照"五共"原则，发展中国家援建发展中国家发展职业教育的重要举措，与发展中国家共享中国经济和职业教育改革开放40多年所取得的成就，是发展中国家携手共建人类命运共同体的国际化。培养国际通用的职业人才，关键在职业技能的评估标准与资格认证上与国际接轨。我国从2006年开始工程教育专业认证，2016年加入《华盛顿协议》，实现工程教育国际互认和工程师资格国际互认，有力提升了我国工程教育的国际竞争力。因此，建立和完善国际职业资格认证制度也是我国职教国际化迫切需要解决的问题。《悉尼协议》于 2001 年成立，是对工程技术师及工程技术专业进行认证的协议，其认证的规则程序与《华盛顿协议》基本相同，但认证的适用范围是完全不同的，它侧重于技术人员与技术专业。我国应尽快加入这一协议，并在高职院校开展认证工作。

总之，作为政府，应建立与国际接轨的技能标准和职业资格质量标准，逐步实行评估标准国际化。这样可促使职业院校学生与国际接轨，从而获得在国际化企业中的就业资格。《教育部等五部门关于实施职业教育现场工程师专项培养计划的通知》中指出，到 2025 年累计培养不少于 20 万名现场工程师，这将进一步加快与国际标准的接轨。

作为职业院校，应从办学理念的国际化、管理模式的国际化、师资队伍的国际化、课程内容的国际化等方面着手。当然，我国职业教育已走过了 70 多年的历程，在国际职业教育中越来越具有话语权，如我国建立职业院校国际化专业教学标准，依托这些专业标准和高精尖实习实训设备在海外建立鲁班工坊，鲁班工坊的建立成为中外交流的重要窗口，通过举办鲁班工坊高职院校的许多专业培养方案被国外采纳，在国际化进程中为世界职业教育提供了越来越多的中国方案、中国模式、中国标准等，为构建人类命运共同体贡献中国智慧、中国力量。

三、教育体系日益完善

现代职业教育体系是一种类型教育体系，是为了生产服务一线的技术工人的教育及培训。职业教育体系由学历教育和非学历教育组成，由理论学习和实践学习组成，由适龄受教育者和非传统生源组成，体现终身教育理念。首先，我国中高等职业教育都得到统筹发展，已经建成了相对完备的职业教育体系结构。其次，我国高等职业教育规模不断扩大，2019 年和 2020 年，高职院校扩招百万人，将退役军人、下岗失业人员、农民工、新型职业农民等更广大的社会人群纳入高职院校接受高等职业教育，一定程度上提高了入学机会的公平性，对解决教育公平问题、解决就业问题、维持社会稳定做出了重大贡献。最后，高等职业教育人才培养的质量保持在较高水平，高职院校毕业生就业率平稳上升，近十年都保持在百分之九十以上，校企合作育人在一定程度上缓解了人才供需矛盾，为社会输送的大批技术人才促进了产业发展、社会进步。探索创新型城市建设背景下高素质技能人才的基本特征，分析职业教育培养高素质技术技能人才的现代意蕴，建构创新型城市建设所需的高素质技术技能人才培养模式，对加快构建现代职业教育体系、有力支撑我国现代化建设具有特别重要的意义。

第一，加强顶层设计。现代职业教育体系的建立与健全工作，要在把握职业教育自身的发展规律的基础上，贯彻落实终身教育的理念，满足人民群众继续学习的愿望，满足技术人才对技能培训的需求，满足创新型城市建设对劳动者的需要，加强改革职业教育的顶层设计工作。国家近年来不断重视对职业教育体系的建设，加强对完善职业教育体系的顶层设计，从国家层面明确职业教育的地位和价值。完善职业教育的统筹协调工作，对工作中的重大问题做好相关政策配套衔接，在教育教学、课程改革、人才培养、校企合作等方面形成政策合力，共同完善创新协调的现代职业教育体系。《国家中长期教育改革和发展规划纲要（2010—2020年）》中提出，到2020年，加快构建完善现代职业教育体系，以更好地适应经济发展方式、适应产业结构调整的要求、促进不同层次的职业教育协调发展。2019年国务院印发《国家职业教育改革实施方案》，从宏观层面明确指出职业教育要明确自身的类型属性，明确自身在经济发展、终身学习、人才培养三方面的任务，认识到自身与普通中高等教育的区别，要跳出普通教育的办学模式，根据自身的人才培养目标，向企业参与、专业特色鲜明的类型教育转变。职业教育体系的发展始终与产业结构转型发展同步，与经济社会发展紧密相关。因此，要构建创新协同的职业教育体系需要把握经济社会发展的目标，把握创新型城市建设这一主线，坚持产教融合、校企合作，培养创新型技术人才。职业教育要适应发展需求，在人才培养方面对接产业需求，培养能够服务区域经济发展的高质量劳动者；坚持以产业需求为导向的校企合作，拓宽产教融合的方法和途径，职业院校积极对接企业所需，坚持学校和企业协同育人的教学模式，企业主动参与到职业院校人才培养标准的修订上，搭建就业信息和用人要求沟通的平台载体，按照三方要求合作育人，培养高素质劳动者和技能型人才；在学习借鉴外国职业教育成功经验的基础上，明确中国特色，贴近国家实际情况和发展水平，建设具有中国特色且世界一流的职业院校。

第二，完善职业教育纵向衔接。加快现代职业教育体系建设，既要明确中高职各自的办学特色和职责，又要搭建二者衔接的桥梁。中等职业教育是高中阶段教育的重要组成部分，是职业教育体系中的基础环节，主要是强调学生对基础知识、基本技能的学习，目标在于培养初级技术人才，掌握基本的职业概念和职业能力。职业教育是我国教育体系中的重要组成部分，在职业教育体系中发挥引领作用。相较于中职，高职更突出的特点在于强调服务区域经济的发展，围绕区域经济培养高素质技能型人才，因此对学生的实践能力、岗位适应能力、创新能力会提出更高的要求。此外，一些地区的职业教育的职能更加宽泛，将校园教育拓展到了社会培训，因此职业教育对于生源年龄和身份的包容性更大，应拓宽职业院校的招生渠道，结合区域发展现状和对人才的需求，合理规划不同专业不同研究方向的招生数量，凸显职业教育服务区域经济发展的类型特色。促进中高职的衔接是打通技能型人才升学路径的重要一环，也是完善现代职业教育体系的重要举措。中高职衔接不是简单的学时叠加，更应该创新衔接模式，包括"3+2"或"2+3"的学段衔接，通过统一考试等灵活升学的考核方式，针对实践性强的专业开设实践考核方式，对于成绩优异的技能型人才开通保送通道和免试入学，不断拓宽技能型人才的升学渠道；优化教学内容的衔接，职业院校成立专业小组，负责对中职的教材的调查，在教学过程中避免学习内容的重复，节省时间，提高学习效率。打通中高职衔接的通道能够在一定程度上保证职业教育的生源质量，提高社会劳动者的受教育水平，整体提升城市内劳动者的素质，为创新型城市的建设提供人力资源支撑。

  第三，探索职业教育横向贯通。职业教育体系的横向贯通主要体现在普职融通方面。普职融通是指搭建职业教育与普通教育连接的桥梁，将并行的职业教育与普通教育进行有效的衔接，充分实现普职教育的优势互补。这有利于贯彻终身教育的思想，体现以学生为本的理念，打破传统观念中对职业教育的偏见，为职业院校的学生提供升学机会。应广泛推行普职协调发展的教育方针，完善普职招生政策，搭建职业教育与普通教育在人才培养上的交流平台，探索普职融通的新方式。从宏观层面搭建职业教育和普通教育衔接的桥梁，打破长期以来职业教育与普通教育缺乏衔接的局面；颁布促进普职互动的政策，拓展职业院校的学生能够升学到普通高中的渠道；贯彻落实百万扩招政策，扩大职业教育的招生规模，使大多数地区的高中阶段的职业技术院校招生数相当于普通高中的招生数，各地区通过计划合理的普职比例，调整职业教育的规模。落实普通教育的法定职责和职业院校的育人使命，贯彻执行学历教育与实践培训齐抓共管。鼓励职业院校开设普职融通班，完善招生政策和招生机制，明确招生标准，拓宽招生渠道；创新考核评价方式，鼓励引导拥有各类职业技能证书的学生报考，尊重不同类型学生的成绩差异和心理差异，开设入学衔接课程，在学习过程中，为学生提供丰富多样的学习方式，满足不同生源学生的学习和实践需求。

第三章 国外职业教育的经验与借鉴

发达国家的职业教育经过长期的探索和实践,逐步形成了较为完善的体系。借鉴发达国家先进的职业教育经验,对中国了解和学习国外职业教育思想,把握世界职业教育发展趋势,促进中国职业教育健康发展具有一定的理论和实践意义。本章分为国外职业教育体系、国外职业培训体系、国外职业教育质量保障体系三部分。

第一节 国外职业教育体系

一、美国职业教育体系

(一)美国职业教育的发展演变

美国职业教育的起源,可以追溯至17世纪末和18世纪初殖民地时期的传统学徒制,至今已有200多年的历史。19世纪后半期,伴随西方工业革命进程,美国经济社会和文化形态发生了巨大变化,需要大量工商业和手工业工人,传统的学徒制已经跟不上时代的发展,美国职业教育由此开始发展,并最终导致职业学校的出现。

1862年,为了适应农业经济发展的需要,美国国会通过了著名的《莫里尔法案》(The land Grant College Act)。该法案规定,美国各州必须在5年之内至少建立一所能够"讲授农业和机械工业知识"的学校,本意是为了促进农业技术教育,但由此奠基了美国职业教育发展的基础。

1917年,美国的《国家职业教育法案》颁布,亦称为《史密斯·休斯法案》(The Smith Hughes Act of 1917),该部法案在美国职业教育发展史上具有里程碑意义。一是作为美国最早的专门的职业教育法案,确立了美国职业教育的法律地位;二是正式开始对职业教育提供联邦政府的资助,标志着美国双元教育体系的建立,即普通教育和职业教育并行的双元教育体系。该法案在初次颁布时规定，要在高中阶段资助培养职业教育师资，开设职业教育的课程，为高中毕业生的立即就业做好职业教育准备。《国家职业教育法案》分别在1946年、1963年和1968年做了修订，大大拓展了职业教育的对象，把凡是有就业和转业需要的——无论是学生还是成人——都纳入了职业教育的培养范畴，接受职业教育的训练。此外，全体民众都可以通过职业教育获得工作技能，摆脱经济贫困，从而改善生活。《国家职业教育法案》及其修订案对美国职业教育的体系结构、课程设置、教学对象、师资培训以及整个职业教育的财政资助和技术方向等，都产生了非常重要的影响。

1958年，美国在延续 The Smith Hughes Act of 1946 的基础上，受当时苏联领先美国一步将第一颗人造卫星送上太空事件的刺激，迅速通过了《国防教育法》。《国防教育法》对二战之后的美国职业教育体系的再次完善，客观上起到了很大的推动作用，进一步加大了对职业教育的经费投入，建立了地区性职业教育中心和职业培训机构，把职业教育的对象扩大到普通居民，尤其加大了对国防所急需的技术人才的培养。1974年，生涯教育开始在美国受到重视，美国国会通过了《生涯教育法》。生涯教育强调学校要为学生未来的工作生涯考虑并在教育教学上提前做好相应的准备。而1982年通过的《职业训练合作法》进一步规定了政府要资助针对经济困难青年和失业工人的职业培训，帮助他们提高劳动水平，促进就业和经济的发展。1985年，美国又成立了"生涯与技术教育协会"（ACTE），该协会将职业技术教育改称为"生涯与技术教育"（Career and Technical Education，CTE），提出 CTE 的目标包含了"帮助学生、工作者和所有年龄段的终身学习者实现他们的工作潜能"，同时强调了"情境学习、就业技能和生涯探索"。

1984年，《帕金斯职业教育法案》（简称"法案"）颁布，作为美国最重要的联邦层面的职业教育法律，《帕金斯职业教育法案》自首次颁布，至今分别经历了4次修订，分别形成了1990年版《职业与应用技术教育法案》（简称为"法案Ⅱ"）、1998年版《职业与技术教育法案》（简称为"法案Ⅲ"）、2006年版《生涯与技术教育法案》（简称为"法案Ⅳ"）。其中，2006年版的《生涯与技术教育法案》的宗旨是充分发挥职业和技术教育项目中的学术教育、职业教育和技术技能教育的作用，它与国家职业集群框架的引入同时进行。该框架涵盖了更广泛的职业和行业，扩大了 CET 项目的范围。该法案消减了学术教育和职业教育作为独立实体的区别，继续强调全民职业教育，发展他们的知识水平和职业能力，并将"职业与技术教育"改为"生涯与技术教育"，支持中等学校、学位管理机构、地方性职业教育学校、劳动力协会、工业界、商会和各类中介机构建立相互合作关系。

直到 2017 年教育部职业与成人教育办公室出台了《投资美国的未来：生涯与技术教育转型的蓝图》。在这个蓝图基础上，美国国会又推出了《加强 21 世纪实际的生涯与技术教育法案》，亦可理解和简称为"法案Ⅴ"。《帕金斯职业教育法案》历次修订的变迁，前后经历了 30 多年的时间，对于促进职业教育与普通教育的双元融合，兼顾广大民众和整体社会的教育公平，强化职业教育法律层面的制度化建设，加大对职业教育的投入力度，建立职业教育的责任评估体系，推动职业教育持续发展的意义重大而深远，成为研究美国职业教育发展的重要法律依据，见证了美国在 20 世纪后期和进入 21 世纪以来职业教育发展的成长历程。

（二）美国的职业教育体系简述

伴随着科学技术、经济社会文化和产业的不断变化，美国的职业教育发展形成了一个从高中到社区学院，再到技术学院的职教体系。从总体类型划分，可以分为中等职业教育（Secondary Vocational Education）和中等后职业教育（Postsecondary Vocational Education）两大类型。据统计，目前美国几乎所有的高中均开设了中等职业教育课程，有超过 5000 个中等后职业教育机构开设了高等职业教育课程，覆盖到美国全部的 50 个州。

美国的中等职业教育，没有类似我国专门的中等职业学校，而是以综合性高中为主体，实行"普职合一"的单轨制教育，就是把所有的高中学生作为职业教育对象，主要目标是为学生的就业做准备，传授和培养学生工作所需的知识和技能，同时也为提高学生毕业后进一步接受中等后教育的机会做努力，即建立起"就业和升学"的双重成才通道。因此，美国的中等职业教育主要是以"课程"的形式存在的，在以综合性高中为主体的教育机构里，学生既要学习普高学术课程又要学习职业教育课程。学生通过选修职业教育课程的方式，并通过转换系统进行学分的互认，完成高中阶段的职业教育课程的学习，不同学生在学习上的区别，只是课程内容和课程比例结构的问题。美国的中等职业教育也没有"专业"的概念，因此，美国中等职业教育的数量和规模，不能以"高中毕业学生数的多少"来做统计，而是需要用"选修课程数和学分转换数"来做计算。

美国学生可以通过不同类型的选课修课方式，在综合高中里学习中等职业教育的课程。举例来讲，如果要成为"职业教育参与者"，需要在不同职业课程领域学习并获得至少1个学分；要成为"非职业教育专修者"，需要在不同职业课程领域学习并获得3个及以上学分；要成为"职业教育专修者"，则需在同一职业课程领域学习，修满并获得3个及以上学分。2014年美国职业教育评估统计数据显示，美国公立高中的毕业生，有超过九成的学生参与了中等职业教育的课程学习，其中有超过80%的学生成了"职业教育参与者"，有超过70%的学生成了"非职业教育专修者"，有接近20%的学生成了"职业教育专修者"。目前，美国高中生在选修中等职业教育课程方面发生了很大的变化，越来越集中在信息科技、生产制造、财经管理、商业运营、艺术设计、传媒技术、医疗保健等领域，与我国中等职业学校的生源结构相类似，美国选修中等职业教育课程的学生，来自农村地区和低收入家庭的比例相对较高。

中等后职业教育，即学生在高中毕业后，选择继续接受更高水平程度的职业教育。美国中等后职业教育的实施机构，主要是社区学院和技术学院，类似于我国的高等职业院校和职业技术大学。美国的中等后职业教育，遵循"以能力为本位"（Competency Based Education，CBE）的人才培养与课程开发模式，主要是为社会培养宽专多能型的技术应用性人才。"CBE"的人才培养和课程开发模式，以满足企业对技术人才的要求为基本原则，课程开发的出发点基于职业岗位的能力需求。在这种人才培养模式中，美国的职业院校和企业之间呈现出一种互惠互利的供需纽带关系。学校在校企合作项目中，通常把学生安排在实际工作岗位上进行半天的实践操作，这种教学方式是非常普遍的。在美国的中等后职业教育中，社区学院学制为期2年，可获得副学士学位，技术学院学制为期4年，可获得学士学位。当然，从社区学院毕业的学生，在获得副学士学位后，既可以参加工作就业，也可以继续深造学习获得学士学位。

美国的社区学院，在中等后职业教育培养中承担着非常重要的角色。2014年美国职业教育评估统计数据显示，在美国提供中等后职业教育的全部机构中，社区学院占到接近40%的比例，在2002年至2013年的10年间，获得副学士学位的学生比例增长了71%。奥巴马总统曾给予高度评价，认为社区学院在职业教育、转学教育、成人教育等方面做出了巨大贡献，它为美国人民提供了接受继续教育和完成工作所需要的知识及技能，是美国国民教育体系中极为重要的组成部分。另外，需要看到的是，当今有越来越多的美国学生，在大学毕业后为了进一步提升自己在就业市场上的竞争能力，并没有选择立即就业，而是为了能获得一种特定的职业技术技能，选择了重新回到社区学院继续学习的方式。当然，随着科学技术的发展和人力资源的快速增长，美国社区学院作为高等职业教育的主要实施机构，为了顺应社会对劳动者提出的更高要求，通过更加开放的授课和学习方式，通过开设更加丰富和灵活多样的课程，充分贯彻了服务大众的平等学习、终身学习和可持续发展的办学理念和行为秉持。

（三）美国职业教育体系的特色分析

1. 健全的职业教育法律保障

法律规定决定了职业教育的管理体制、体制的运行、经费拨付及使用、各方面主体的职责权限等重要事项，对于职业教育能否实现健康有序平稳发展意义重大。美国政府在推动职业教育发展方面，善于灵活运用法律手段强化保障。历届政府根据所处的时代的特征和经济社会变化，及时出台或修正职业教育法案，推动美国的职业教育体系不断地完善。通过对美国几十年来为职业教育法案更新完善的历程的总结，可以看出美国在运用法律手段推动职业教育发展方面所付出的努力和艰辛，同时其强烈的超前性和预见性，对我国职业教育发展具有重要的借鉴意义和警示作用。

2. 美国的社区学院

美国的社区学院在近一个世纪的发展过程中，逐步形成了自己的特色，满足了美国现代社会经济发展的需要。社区学院坚持以社区为中心，以市场需求为人才培养动力，以适应社会产业升级为目标，以服务社区发展为重点，坚持注重社区实践的办学宗旨。美国的社区学院为美国提供了大量的技能劳动力，促进了美国产业的发展。美国产业的发展又从经济上保证了对职业教育的多渠道投资，政府通过加强顶层设计，从宏观上颁布政策鼓励企业积极参与到职业教育的办学中来。美国联邦政府通过立法及政策制度推动企业对职业教育进行投资，对于参与职业教育校企合作育人的企业，政府减免年营业额的5%的税收，这一政策旨在鼓励企业积极参与到职业教育人才培养中来，企业可以选择多种校企合作方式，包括直接投资员工职业技能培训、捐赠设备或实验仪器等，美国职业教育与区域经济联动发展对于我国职业教育与创新型城市协同发展具有重要的借鉴意义。

（四）美国职业教育体系的经验借鉴

根据上文对美国的职业教育发展及其职业教育体系的研究发现，美国的职业教育对我国具有重要的借鉴意义。

1. 遵从职业教育法，调整办学思路

自1917年《史密斯·休斯法案》确立职业教育制度以来，美国政府不断修

正并颁布了一系列涉及职业教育地位及发展规范的法律,为职业教育的人才培养提供了合法性依据。我国的职业院校应抓住发展机遇,创新发展思路,重新释义和明确职业教育办学定位,把职业教育定位为和普通教育平等类型的教育体系,以就业为导向,培养社会需要的高素质技能人才,填补市场劳动力缺口,重塑职业教育口碑。

2. 围绕产业发展需求,更新课程内容

美国的社区学院在职业教育中占有重要地位,其卓越成就主要体现在课程设置上,即能够紧密联系区域发展与时代需求,兼容并包,而且能够积极吸纳社会、行业企业、国家机构、合作学校等多元主体参与课程的开发与建设。借鉴美国社区学院的经验,我国的职业院校应注重课程内容的更新与授课方式的创新。加快职业院校的发展,是深化人才培养模式改革的重要举措。许多职业院校一直需要面对毕业生就业压力的问题,为此学校应通过深入调研,及时掌握市场对人才的需求情况,合理调整专业设置与课程结构。一方面,要持续调整课程内容,明确对接市场经济产业需求的目标。另一方面,各职业院校应努力打造自身的办学特色,建立以服务区域市场为导向的课程体系,克服区域内各职业院校授课模式与教学内容趋同的问题,联系区域内行业产业对技术技能人才的实际需要,创设特色化课程体系,使本校的毕业生在特色优势专业领域有更高的契合度与更强的竞争力。

二、德国职业教育体系

(一)德国职业教育的发展演变

由于特殊的历史原因,德国在 20 世纪 90 年代以前,处于民主德国和联邦德国分裂自治的局面,关于教育的政策在有些方面不完全相同。直到 20 世纪 90 年代德国统一之后,教育才真正实现统一。

1. 第二次世界大战后至 20 世纪 60 年代

第二次世界大战后的德国,经济和教育都受到了极大的破坏,国家也被分裂成东德和西德。

盟国占领时期,德国职业教育的恢复主要分为两个阶段,战后初期(1945—1947 年)与德国分裂前期(1948—1949 年),战后初期由于客观条件的限制,教育重建的成果并不显著,1945 年只有极少数的职业学校迎来了秋天的开学季。到 1946 年 5 月,成效最为显著的巴伐利亚州已有 40% 的中小规模的职业学校恢复了正常教学。

到了战后重建的第二阶段，1948年以后，职业教育恢复的工作逐渐加快，国家大规模修建校舍。联邦与各州的政府、各行业协会以及不同的社会力量都积极投身于校舍恢复之中。起初，工业、经济界普遍不认可职业学校的作用，质疑职业学校难以匹配学徒需求，是一种浪费时间的行为。由于工业界引入学徒制时，全日制职业学校未被囊括于手工业或工业培训体系中，学徒接受职业学校的理论指导，往往被手工业、工业界视为以损害经济利益为代价的无益行为，奠定了彼此之前互不信任、互不认可的基础。战后特殊的条件之下，国家与社会的通力合作，不仅有利于职业学校的兴建，而且提高了职业学校的地位与社会认可度，职业学校有秩序地开展理论教学工作，两者之间的关系逐渐得到缓解，行业协会、企业与政府大力支持职业学校的创办。

盟国占领时期的职业教育有一个显著的特点：政府、企业与经济机构之间的联系日益密切。德国大多数青年一般在14岁左右便对未来从事的职业有了较为清晰的认识，职业咨询与指导从基础教育阶段就已经开始了，学生基于对职业的合理认知，有利于将个人潜能最大化，使得教育适合更多的人。但战后的经济形势变化剧烈，学校需要"对点"培养当前经济形势之下所急需的人才，工作机会的变化也导致培训的对象发生了变化，例如，为进入工业界的妇女开设必要的培训课程。国家与企业、经济界的联系一直保持到了联邦德国，甚至是当今的德国。

综上，二战后，德国职业培训体系依照魏玛时期的教育制度进行了重建。1945年，学徒培训率先在手工业领域重新开始，随之行会、雇主协会与企业合力促使工业培训逐步展开。盟国占领时期职业教育体系的重建已初具规模，教育领域逐渐趋于正常化，为西德职业教育的全面恢复奠定了基础，但由于战后严峻的国际局势，经济衰退，受制于物资的严重匮乏，该时期职业教育恢复的步伐缓慢。

1949年5月30日，德国通过《基本法》，其中规定了德意志联邦共和国是一个建立在法治基础上的联邦、民主的国家。联邦德国建立以后，职业教育迅速发展，双元制职业教育体系进一步完善，职业教育为联邦德国20世纪50年代的繁荣提供了不竭的动力。

20世纪60年代初，西德进入了经济恢复发展时期，传统的教育思想与客观现实之间的差距越来越大，矛盾也越来越激烈。20世纪60年代后期，德国对20个发达国家的高等教育进行了一项调查研究，调研结果表明德国的大学入学率排名倒数第三位。为此，1968年，德国在11个州的总理讨论会上，决定成立3年制的高等专科学校，以培养企业和社会组织需要的应用型人才为目标，主要招收高级专科学校毕业生及义务教育离校后经过一定的实习与高级专科学校具有同等学力的学生。

1969年生效的《联邦职业教育法》规定，职业训练采取双重或完全就业形式。从职业教育的目标、培训内容、教育场地等方面保障了受教育者的合法权益，使得受教育者不再学无定所、无学可上，从法律上保障了现行职业教育制度的基本结构。

《联邦职业教育法》对"双元制"的法律性进行认可后，既继承了先前的"学徒"练习模式，又顺承了当代的职业教育思想，职业教育的受教育者也有了不同以往的待遇。在20世纪60年代后半段，德国曾出现了学生运动，目的是改善学习条件。政府为了受教育者能有更好的学习环境，在法案中规定了职业教育场所范围，通过合法程序给予受教育者安定、轻松的学习环境，使每个受教育者都能安心学习。根据受教育者和企业之间签署的个人职业教育合同，职业教育可将受教育者在企业视为"学徒"，在职业学校视为"学生"，以这样的双重身份进行完整的、正规的教育。受教育者既能在企业里得到职业技能的相关培训，又能在职业学校里学习专业理论和文化知识。在企业和职业学校中均可进行教学活动，受教育者每个月还可以得到企业为其提供的生活补助和社会保险。受教育者的待遇有所提高，不必继续接受师傅的打骂，学习时间也相对自由。

2. 20世纪70年代初至20世纪90年代

进入20世纪70年代的德国，经济持续发展，高等专科学校的毕业生大受欢迎，出现了供不应求的局面，高等职业教育的规模有待扩大。

联邦职业教育与培训研究所（BBF）成立于1970年。这项工作的基础是由柏林州劳工和社会事务参议院委托编写的一份报告，该报告呼吁将职业教育和培训研究作为一项跨学科的永久性任务。因此，技术、组织和教育领域的知识应该集中在一个学院，以便更好地满足高度工业化社会的要求。该机构是一个由国家和企业共同管理的职业教育和培训研究机构，它的特殊性在国内外仍是难以比拟的，是一种"公私合作"。联邦职业教育与培训研究所（BBF）的最高机构是委员会，雇主协会、商会、工会和负责的联邦经济和劳工部都派代表参加了该委员会。联邦承担了基金会的费用，但它的参与受到限制，但有利于社会伙伴，社会伙伴在设立研究所时显然得到了优先考虑。虽然建立这种伙伴关系的想法已经存在了一段时间，但这些想法只在魏玛共和国、第二次世界大战和随后的战后几年才得以实施。联邦职业教育与培训研究所的管理职位是平等的。例如，这些部门的管理被委托给来自雇主和工会阵营的两名专家以及来自就业服务部门的一名中立代表。

1974年，共有6所职业学院及6所分院建立，在校生12000人。它的办学不仅有学校的参与，而且有企业的参与，使整个教学能够从学校和企业两个基地的师资与设备条件中受益，开创了教育机构与企业联合举办高等教育，尤其是举办高职的一种新途径，即"双元制"办学模式。

20世纪90年代，德国的经济已经跃入世界前列，国内较为完整的教育体系已经建立。1990年10月，德国在分裂40多年之后实现了统一。统一后的联邦德国开始了新一轮的教育改革。1991年，德国废除了民主德国时期制定的教育法，而开始实施联邦德国制定的职业教育法。

3. 21世纪以后

2004年，德国国内所有职业学校分别实施了ISO2000、Q2E、EFQM、OES等质量管理模式，提高了质量管理效率，提升了人才质量。2016年，德国明确提出"职业教育4.0"，打造职教数字化战略，用于重点培育数字人才，简化工作，促进现代化发展。2018年，"职业教育4.0"成为德国职业教育的关键主题。"职业教育4.0"在数字化领域发挥了重大作用，鼓励了新方案的开发，提高了个人技能，促进了企业对网络构建的参与。这种利用数字化来代替传统手工的方式，解决了人才紧缺以及人才与新技能不匹配的问题，填补了部分由于人口减少以及学生转向普通高等教育而导致的人才缺口。2019年，德国的《职业教育法》得到修订，规范了职业进修的管理和认证，提升了职业教育的吸引力以及社会认可度。2021年，德国在《2021年职业教育报告》中指出，相较于经济合作与发展组织（OECD）成员国家来说，德国接受职业教育的人群就业率较高，教育经费投入稳定，职业教育帮助青年人完成了困难时期的过渡。

（二）德国的职业教育体系简述

1. 德国的中等职业教育体系

德国的中等职业教育分为初级和高级两个阶段。初级阶段包括主体中学、实科中学、初级文理中学和综合中学四种类型。

高级阶段分为五种类型，分别是"双元制"职业学校、职业专科学校、专科高级学校、职业高级学校、高级文理中学。

2. 德国高等职业教育体系

德国是公认的职业教育强国，其高等职业教育也办得卓然有效。德国高等职业教育体系，已成为许多国家学习的对象。

德国职业教育体系在整个教育体系中是强大的，其中高等职业教育主要培养应用型、技术型人才，以职业岗位能力为本位，办学体制以企业为主，企业决定专业方向、教学计划、培养目标、培养模式等。

（三）德国职业教育体系的特色

1."双元制"管理制度与教学模式

德国作为世界级的制造业强国，在职业教育的发展上有较为先进和完整的体系。德国的职业教育除专门的职业教育教师在校教学之外，还由各行业组织企业联合职业教育学校为学员提供带薪的培训岗位，教育教学和实践培训相结合，这样由学校负责教授理论知识，企业传授职业技能的教育模式被称为"双元制"。德国"双元制"模式为其国家的制造业提供了强大动力，主要有以下几个特点。

第一，德国的职业教育分流开始得比较早，一般在儿童10周岁左右就开始分流教育。分流的情况：一部分学生进入文理中学以接受高等教育为目标进行学习；另外一部分则是进入有职业特色的专业技术学校接受职业教育。接受职业教育的学生在毕业后即开始寻找"双元制"职业教育培训岗位，进行免费、专业的职业教育培训。据德国统计，分流的结果是每年约有2/3的青少年选择进入职业教育学校，这足以见得职业教育在德国教育体系中的重要性深入人心。

第二，职业资格认证更受劳动力市场重视。德国劳动力市场具有明显的职业资质导向特征，劳动力的招聘和流动以及收入高低主要以职业资格为依据，同一行、同等资格级别的劳动者收入基本一致。这与我国的情况有很大不同，在我国学历既是求职时的敲门砖也是收入高低的决定因素，而劳动者的技术和资质并不能成为决定收入的关键性因素。

第三，企业以自身需求主导职业教育。对于企业来说，员工的职业素养和专业素质决定了企业的发展，掌握核心技术的员工是企业的关键资源，决定了企业的生存力。德国企业联合培养学徒时将其视为一种责任和义务，因为重视对技工人才的培养可以为企业发展注入不竭活力，打造高品质产品。如果企业在合作办学或联合培养学徒时只看重眼前的利益，把学徒当作廉价劳动力，那么企业的发展也将被这种短视行为所反噬。在技术人才的培养方面，企业拥有充分的自主权，能依照企业自身需求和岗位技术特点，对学徒进行个性化劳动技术培养，从而获得与企业发展方向一致的各类技工人才。

对于职业教育来说，企业高度参与是提升办学质量的必由之路。而德国职业教育模式的"双元制"极大地激发了德国企业参与职业教育的热情，也为职业教育的健康发展注入了不竭动力。

2. 健全的法律制度

德国依法治教，颁布了许多职教法规，构建了内容完整、互相衔接、便于施行的法律制度，有效地促进了职业教育的发展。

20世纪60年代以来，德国职业教育本着"以人为本"的精神，在职业教育法规中重视人的发展需要，突出人的尊严与价值，为人在社会中的继续发展提供了机会。从1969年的《联邦职业教育法》开始满足人接受教育的物质需求、培养人全面发展；到《联邦劳动促进法》为弱势群体提供就业指导，提供财政支持，促进弱势群体就业，使弱势群体拥有生存能力；至新世纪的新《联邦职业教育法》促进职业教育多元化，保障更多的人获得就业机会；再至2020年新《职业教育法》确定职业学士与职业硕士，推动职业资格与学历资格的融合，让接受职业教育的人获得高层次的发展机会，德国的职业教育法规满足了人的基本发展需要，提高了人的教育素质，给人的发展提供了创造的空间。因此，在2008年全球经济危机来临的背景下，德国社会尽管受到影响，但在2009年的低谷时，德国的失业率也仅为8.2%，这个失业率要远远低于欧洲其他国家，德国的就业前景仍然十分乐观。德国的职业教育一直发挥着促进就业、保障发展的社会功能，为社会培养了大批不同层次的技术人才，保障人才的发展也就是保障了社会的进步，因此被称为德国经济繁荣的"秘密武器"。

关于德国职业教育法规的特点，主要表现在以下几方面。

第一，法律完善，全方位多角度保障就业权益，主要体现在以下几方面。

其一，与时俱进，全时段保障就业。德国职业教育的发展能有今天的成就，其中一个重要的原因就是德国的政策法规以人的发展视角和时代发展相结合，不断地进行调整。自1969年起德国的职业教育法都是对职业教育的定义进行更新和补充，从职业培训、职业进修、专业培训到职业准备教育、职业教育、职业进修教育、改行教育，职业教育的内涵随着时代的发展不断进行着补充说明；德国职业教育法中始终保障弱势群体的职业教育需要，不论是《联邦劳动促进法》还是不同时段的职业教育法都体现出人本情怀，为残障人士和女性照亮生活的方向；在职业教育法中对于职业教育的教育场所和教育形式也是与时俱进，不断更新；教育提供者的义务不断丰富，使受教育者的学习生活更加便利；1969年至2020年的职业教育法都对未满18周岁的年轻人进行保护。于1969年颁布的《联邦职业教育法》，定义了职业教育，奠定了法律基础，关注残障人士的职业教育，为受教育者的发展提供了物质条件；同年颁布的《联邦劳动促进法》解决了弱势群体的职业培训和就业问题；2005年的新《联邦职业教育法》将1969年的《联邦职业教育法》与1981年的《职业教育促进法》重新合并修订，以顺应时代步伐、促进人的发展，对职业教育的教育地点进行了新的规划，发展了职业教育的新形式；2019年德国对《职业教育法》进行二次修订，2020年颁布，丰富了职业进修的内涵，使得职业教育内容更加丰富，不仅解决了职业教育吸引力不足的问题，还提高了职业教育的国际地位。在社会发展的过程中若产生了新的矛盾，政府会针对具体问题对法规进行修订，每部法规进行修订的内容都针对当下的热点问题，找到适合当下发展的最好方式加以修改，所以法规之间有对同一内容的补充和修订。

其二，多元发展，全方位保驾护航。德国素有"工匠王国"之称，而且德国的职业教育有着悠久的历史传统。德国职业教育的相关法规非常全面，在客观上促进了德国社会对职业教育的重视，为人们树立良好的职业教育观提供了必要的社会外部条件。从1969年颁布教育法至今，不断更新职业教育定义，使职业教育适合受教育者的发展；不断促进残障人士的发展，为残障人士的发展开辟新的路径；不断扩大职业教育场所，使得受教育者有更便利的学习环境和学习动力。德国职业教育能够稳定发展的关键在于职业教育立法的相关条例和规定中严格标明了法律的惩罚标准，不允许任何人或任何组织有任何机会违反法规。在德国的职业教育法规中，首先尊重并保障受教者的发展权益，为学生免费提供学习场地，教育内容中既有基础教育课程又有实践课程，使得学生能够获得实践与理论的双重训练；而后又会提供就业指导、提供接受高等教育的机会，为受教者解决了后顾之忧。德国在经济发展方面不像其他欧美国家一样完全由市场调控，德国的教育、经济是在宏观调控与市场调控的共同作用下发展的，尽管职业教育与经济发展密切相关但仍在政策的指导下发挥强大的力量。

第二，保障公平，切实关怀弱势群体的就业发展，主要体现在以下几方面。

其一，财政补贴，坚持教育公平。德国政府始终保持拥有财政权力和劳动事务的权力，联邦政府或州政府承担职业学校的费用，雇主支付学徒的工资。按照德国职业教育法规的规定，政府和企业需要共同承担职业教育的经费，政府（既包括州政府也包括地方政府）需要承担的经费范围是学校的转运经费。人事费用一般由州政府来负担，州政府还需出资分发教职工的报酬和养老金。地方政府需要出资修建校舍、购买教学设备及负担维修费用以及管理人员的工资等。企业的职业教育经费完全由企业自己负担。企业不仅要出资建设培训设施场地、采购实训器材，还需要预留资金为学徒工分发津贴补助以及负责培训教师的工资等。在2001年至2005年期间，德国政府投资了1110亿马克，用来确保职业教育的公平、受训机会的均等，进而保障弱势群体的培训机会，促进职业教育的发展。

其二，提供咨询辅导，促进教育公平。20世纪60年代中期，关于教育权利的讨论集中在平等的社会机会上，使得工人子女、农民、年轻女性等社会地位较低的部分人得以接受教育。在21世纪，残障人士因接受职业教育和参加培训比例的扩大而受到关注，德国的职业教育法规关注了职业教育的改善和对脆弱群体的继续教育。对女性的职业教育也愈加关注，为长期脱离职业岗位的女性提供就业指导，促进教育领域的男女性别平等，使女性获得实质性的平等权利，得以实现人生价值。德国的职业教育相关法规对弱势群体的发展做出了积极回应，希望他们可以学到生存本领，获得就业机会，能够在社会发展中实现自身价值。针对弱势群体的职业教育法规中有规定，要帮助弱势群体解决学习与就业问题，帮助他们在社会中生活发展。

3. 完备的职业教育运行机制

德国拥有比较完备的职业教育运行机制，1968年德国就通过了《联邦共和国各州统一专科学校协定》，也是该决定使得德国很早地就开始了职业教育的发展。在20世纪70年代，德国开始建设职业学院，推动专科院校与职业院校的协同发展。在小学毕业之后，学生就可以自行选择在职业院校还是在专科学校中进行相应的专业学习。例如，在文理方面的选择、职业方面的选择等，不同的选择下后期的职业发展方向也不相同。如在职业学校学习的学生毕业之后只需要在职业学校接受培训之后就可以进行就业。德国十分重视对于职业技术学校的学生的培养，尤其是以企业为主导的市场机制，在很大程度上帮助企业输送了很多技术性的人才。而且通过学校与企业之间联合的方式，学生与社会的接触较多，更容易适应社会的技能需求。

（四）德国职业教育体系的经验借鉴

职业教育的本质是教育，它是从社会需要出发在使人获得一定的职业技能的基础上最终指向人的全面发展，因而树立以人为本的职业教育理念是使职业教育走向更高层次的重要路径。职业教育的发展走向应优先考虑受教育者的发展权益，对于弱势群体要因才制宜，切实保障所有受教育者的发展利益；建立教育立交桥，为希望升学、考取高等院校的职业学生保留学习的机会；全方位提升学生的能力，还要重视理论知识的学习。充分做到以人为本，从受教育者的角度出发，建立具有人本情怀的职业教育体系。

1. 政府时时关注、保驾护航

（1）全面具体，保障学生学习权益

完善职业教育法制体系。德国在法律上为职业教育做足保障，为职业教育提供系统全面科学的职业教育法律体系。目前，我国的职业教育系统是基于中华人民共和国宪法的基本法律，并结合部门规则和当地的法律。国家需要对职业教育工作进行全面的领导，将职业教育的改革和发展全面纳入日程。第一，国家要加强对职业教育的管理，职业教育的保障机制需要完善。根据职业教育类型，制定全面具体的权益保障机制，充分保障受教育者在校生活中的合法权益。第二，明确规定技能人才的培养标准，根据时代的发展制定多样化的人才质量标准，保证受教育者的学习质量。第三，完善落实机制，可以建立职业教育的发展检测和评价机制，类似德国的职业教育研究所的抽样调查研究，能够对职业教育发展进行监督和问责。在国家政策的大力保障之下，能够推动保障机制的全方位定点，统筹职业教育的现代发展规划，形成全社会支持、认可的职业教育保障制度，为职业教育的学子提供一个安全、便利的教育环境。

（2）与时俱进，扩展法规内容

法律法规体系是让职业教育能够长足发展、蒸蒸日上的保障。事物的发展规律受外界的把控，教育具有自己的发展规律，职业教育也需要进行内部规律的调整。随着时代的发展，职业教育法规也要不断扩充新的内容，跟上时代的步伐。我国对职业教育法进行草案修订时，应在网上征求民众对于职业教育的建议与意见，这是保障职业教育长足发展的重要工作。从时代角度出发，对于现有的问题进行修改以完善中国职业教育法律保障。首先，认可新时代影响下新的职业教育内容，类似高等职业教育体系的扩充完善，职业教育需要不断更新法规内容，夯实职业教育的法律基础；其次，法规应根据社会经济发展情况，督促企业与学校协同并进，提高企业对职业教育的参与程度。国家十分重视职业教育，因为职业教育可以促进人才培养，增强社会竞争力，为国家创造更大的社会价值。国家应与时俱进，修订法案以保障职业教育的平稳发展。

2. 保障弱势群体就业

（1）提供就业咨询指导

劳动就业是弱势群体保障基本生活的主要途径，也是政府为弱势群体提供生活保障的基本方法。主要针对弱势群体的两个方面，即残障人士和妇女。近年来，我国残障人士就业发展已经有了一定的进步，但是残障人士依旧面临就业率低、报酬低、工作稳定性较差的困境。此外，女性面临的就业问题主要是来自社会的性别歧视和生育压力。为此，建议完善我国关于弱势群体的就业指导机制，为弱势群体提供人性化的心理健康检查和就业岗位咨询，帮助他们树立信心、促进弱势群体保持积极的就业心态，保障弱势群体获得及时的就业信息，帮助他们发现自己的工作兴趣，找到适合自己的工作。通过以上途径，可以帮助弱势群体获得在社会上生存发展的机会，找到实现人生价值的途径。

（2）增加弱势群体的资金投入

资金保障在弱势群体的学习与就业中发挥着巨大的作用。我国财政部门应该针对弱势群体的职业培训，增加专门的资金投入，保障弱势群体在就业前后所需的培训费用和生活基本费用。具体来讲，需要做到以下几点。

首先，政府应建立科学合理的资金申请保障制度，各级政府也需要根据当地政府的经济发展和财政收入状况进行投入；其次，对当地弱势群体进行调查，估量弱势群体需要，在当地为弱势群体建立培训服务机构，根据当地弱势群体的需要提供服务，政府鼓励企业雇用弱势群体并给予适当奖励；最后，消除区域之间的不平等，对于地域之间财政投入不平等的状况，国家应给予适当的财政补贴，保障弱势群体能够参与职业培训，促进弱势群体积极参加社会活动，为当地经济发展添砖加瓦。

（3）完善弱势群体保障制度

第一，健全法规制度，为保障弱势群体（残障人士、妇女）提供充分的法律依据，充分保障弱势群体就业。首先出台一系列法律，促进弱势群体灵活就业、自主创业，使弱势群体获得基本的生存机会。然后因地制宜，为弱势群体开办就业培训，使得弱势群体的就业有章可循、科学合理。建立适宜的就业管理制度，为弱势群体合理安排岗位。

第二，加强我国司法部门针对弱势群体就业权益的救济制度。我国现在的司法救济是指用法律的形式赋予公民基本权利的保障，在公民基本权益受到侵害的时候，司法部门能够及时对受害公民采取补救措施，在生活中给予救济，维护他们的正当权益。司法救济是指当法律赋予公民的基本权利遭受侵害时司法机关要对这种侵害行为做出有效补救，对受害人给予必要补偿以缓解他们的生活困境和维护他们的正当权益。

第三，司法保障弱势群体的工作权利。司法对弱势群体的工作保障主要是，根据法律规定，弱势群体有权利参加职业培训和就业，所以就社会工作岗位中对于弱势群体的恶意忽略，不需要弱势群体亲自拿出翔实的证据，用人单位想证明清白只需拿出用人证明，如若没有证明，则根据监察后判定为就业歧视，并对弱势群体给予一定补偿。

3. 提高企业参与职业教育的积极性

企业是否愿意深度参与职业教育，与企业利益是否能得到切实保障有重大关系。从德国"双元制"企业参与职业教育的成功经验来看，德国企业深刻认识到企业对国家经济发展的强大推动作用，因而积极履行社会责任，与职业院校建立行之有效的合作机制。因此，我国企业应不断强化企业责任意识，建立长远的发展战略，积极参与到职业教育中来。政府可采取部分优惠政策，如实施减税免税政策，对积极参与职业教育培训的企业适当补贴，从而激发企业的参与热情。

4. 推行职业教育的国际化战略

（1）提升受教育者的专业能力

回顾我国职业教育事业的发展，我国已经拥有较为完备的职业教育体系，其中包括高等学院、职业院校、学术共同体。但是对于受教者的培养还是良莠不齐。特别是需要加强中等职业学校的教育，因为中等职业教育的生源质量偏低，学生的学习素质水平较差，普遍问题就是学习习惯不好、行为习惯不好，这些问题大都是因为在中小学时期没有培养出良好的学习习惯。学习习惯不是一朝一夕就能改变的，所以到中职院校学习时，由于学习习惯不好，很容易学习能力不足。因此我们的职业教育研究应该加强对中等职业学校的关注，通过关注学习习惯的培养，增强学生的动手能力和理论学习能力。除此之外，还应该加强外语能力的培养，保障培养一批有能力有水平的技术人才，吸引国外职业研究人员的目光。

在新的时代背景下，职业院校应该注重学生综合素质的提升，促进学生创造能力和科研能力的提升。为推动职业院校学生综合能力的发展，学校应该促进教育研究事业的发展，引导职业教育研究机构与高等院校协同合作，共建学术团体，主要是针对我国职业教育中的一些重大问题进行深入研究，推动我国职业教育的发展，建设一批具有国际影响力的职业教育学院。

（2）"一带一路"推动国际化

《推进共建"一带一路"教育行动》的颁布，对中国新时期职业教育国际化来说具有更加积极的战略意义，基于"一带一路"背景下的中国职业教育国际化构想，要让职业教育"走出去""引进来"。把职业教育作为国内外合作交流的窗口，积极推动文化交流，把职业教育与"一带一路"相融合，在"一带一路"的发展周边建立合作交流的网络平台，将职业教育的技能成果展示出来、吸引国内外目光，促进职业院校与"一带一路"的交往互动。同时推动职业院校与企业的合作，为当地培养大量人才，推动职业教育的发展。提高职业教育的社会地位，建设具有中国特色的职业教育体系，全面提升中国职业教育的世界影响力，促使职业教育的受教者夯实基础、不断向前，实现自身和民族的价值。

5. 着力打造一支强有力的师资队伍

要想使我国现有的学科型教师尽快适应双元制教育模式，首先，应积极鼓励在职教师通过各类途径接受继续教育，并为其提供到企业挂职锻炼的机会，积累相关的职业经验，同时严格执行职业教师的资格准入制度。其次，对现有的教学模式进行改革，重视实用性知识教学，突出专业理论与实践实训的有机结合。强化实践教学环节，制定切实可行的实训教学计划。最后，完善师资队伍结构，拓宽师资来源渠道，招聘一批有实践经验的工程师或技术员参与到职业教育中来。

6. 保障学生接受高等教育的权利

（1）政府干预职业教育高等化

明确政府宏观调控的能力，国家教育政策是职业教育的发展保障。现阶段，在中国教育中存在"一刀切"的局面，未能根据学校的具体状况提出针对性的建设意见。

从长远来看，实现普通职业教育不是一气呵成的，需要循序渐进。具体而言，我国地域广阔、地域教育发展差异较大，应根据地区发展的实际情况和学校的具体情况，通过以下三条途径，实现教育融合。一是以普通教育为主的普职融通；二是以实践为基础，增强学生动手操作的实践能力；三是升学和就业双向推进。此外，还需要注重学生的职业道德教育。职业教育与普通教育的衔接，为学生未来的工作和就业增加了更多的可能性。这样的衔接方式不仅满足了学生的升学意愿，也丰富了我国的教育制度。国家应对职业教育的现代法治进行调研，分析经济、政治、产业结构对职业教育人才的培养需求，将个体可持续发展融合进职业教育，促进职业教育灵活多样，促进各类教育协调发展，创建一座技能人才多元发展的立交桥。

（2）职业教育与学历的融合

2019年，我国教育部与国家各部门联合印发《关于在院校实施"学历证书+若干职业技能等级证书"制度试点方案》，以落实职业院校的学历与高等教育的学位相等价，促进职业教育与高等教育的融合。目前我国的学历资格与职业资格已经开始尝试融合，第一，向德国《职业教育法（2020年）》学习，将职业资格与学术学历挂钩，将职业教育高等化纳入法律法规，以立法的形式强力保障人才向上发展的通道；第二，结合德国对职业教育人才授予学位的方式，提高职业教育的地位，提高职业教育的魅力。为有理想、有技能的高素质人才的发展铺平道路，使职业教育获得大众的认可。根据劳动市场与时俱进的时代需求和对劳动力的要求，定期修改、补充和改善职业教育法律法规。建设社会发展需要和人民需要的职业培训以及及时提供反馈的机制，确保中国职业教育总体健康有序，确保职业教育发展满足经济社会发展和专业技术人才的需要。

（3）调整职业教育衔接通道，满足升学意愿

现阶段，职业教育应该坚持发展观，坚持与时俱进，同时为了避免职业教育成为终结性教育，应该为接受职业教育的学生提供升学的机会，打造多样性的升学方式，满足学生未来的多种发展需求，也可以吸引更多的学生接受职业教育。满足职业教育升学需求是一个严肃且积极的提议，因为不是全部的专科生都是为了获得毕业证而接受职业教育的，部分学生拥有一个完整的求学梦。社会的发展不仅仅是追求经济社会的进步和发展，还应该有理想层面的追求。当今社会还存在重视普通教育、轻视职业教育的问题，这不仅需要转变大众的固有思想，还需要在规章制度中确定职业教育的地位，用以证明职业教育可以促进经济社会和教育事业的发展，职业教育的发展需要更多的人才付出努力，国家政策应该在职业教育升学的问题上严格把关，例如，可以控制升学的最低分数线，但并不对过线人数进行要求，给继续求学的学子一个完满的求学之路。

与德国相比，我国的职业教育发展时间较短，随着时代的发展，我国职业教育在发展的过程中出现了一些问题。职业教育的发展和完善不是一蹴而就、一气呵成的，我们要不断吸收借鉴国外成功的实践经验和理论研究，不断促进我们自身的理论、实践的发展，促进我国职业教育的完善和发展。在研究德国职业教育体系的时候，我们可以发现很多德国职业教育发展的优秀特质，德国的职业教育虽然注重经济功能，但对人的关怀更加偏重，从职业教育法建立之初就尊重人的合法需要到关注弱势人群的发展、再到拓展受教育途径，德国职业教育始终都将以人为本作为核心，进行实际改革，促进人的可持续发展。德国职业教育中围绕个体发展的法规是非常完善和全面的。这些都是值得我们学习和借鉴的宝贵经验，但是在学习的过程中我们也应因地制宜，因势利导，发展我们中国独具特色的职业教育，让我们的职业教育有特点、有创造性。

三、澳大利亚职业教育体系

（一）澳大利亚职业教育的发展演变

澳大利亚，作为原大英帝国的殖民地于1901年正式建国。澳大利亚的职业教育，与该国的现代发展史一样短暂，但是经过100多年，尤其是20世纪中叶以来经历了早先萌芽阶段、基础起步阶段、改革繁荣阶段、系统重构阶段、国际化阶段等几个阶段的发展，如今已经成了全球职业教育最为发达的国家之一。其所形成的"政府统筹、行业主导、需求导向、能力为本"的基本特征和独具特色的"TAFE"模式，被赞誉为世界职业教育与培训的典范之作。

澳大利亚的职业教育源于英国传统的手工学徒制，在第二次世界大战前后正式起步，较之英国、美国和欧洲国家的职业教育发展相对滞后。二战结束后，澳大利亚需要安置大批转业军人，战后经济的恢复也主要依靠传统的农牧业和采矿业，在这种情况下，一大批工艺学院承担起职业教育与培训的任务，成为退伍军人进行转岗就业前学习技能的主要场所。

20世纪60年代后期，澳大利亚的旅游服务行业得到了快速发展，随着社会经济的发展和产业结构的不断调整，职业教育得到了应有的重视。1969年，联邦政府出台了《职业培训法草案》。1973年，专门成立了技术与继续教育委员会，并在次年提交了在澳大利亚职业教育发展史上具有标志性意义的《坎甘报告》（Kangan Report）。报告重点阐述了"技术与继续教育"（Technical and Further Education，TAFE）的定义和内涵，提出要把技术教育与继续教育、学历教育与岗位培训相结合起来，建立新型的TAFE学院，实施技术与继续教育。随后联邦政府又颁布了《拨款技术与继续教育资助法》与《职业教育与培训资助法》，TAFE学院正式成为澳大利亚高等教育体系的组成部分。

20世纪70年代末80年代初，世界经济出现大萧条，尤其是失业率越来越严重的现象，引发了人们对职业教育的重新思考。1978年，澳大利亚教育研究委员会（Australian Council for Education Research，ACER）专门针对15～24岁的青少年进行了抽样跟踪调查。之后，颁布了《澳大利亚重建》（Commonwealth Reconstruction Training Scheme）与《澳大利亚技能》（Skills for Australia）白皮书，在原有的"学校到工作"学习就业模式的基础上提出了"学校—工作—再学校—再工作"的新模式。1981年，澳大利亚TAFE研究中心成立，专门研发了职业教育专业分类与专业内容。1992年，澳大利亚国家培训总局（Australian National Training Authority，ANTA）成立，建立了国家培训框架（Australian

National Training Framework，ANTF）和国家质量培训框架（Australian Quality Training Framework，AQTF），积极开发培训包（Training Package，TP），承担起澳大利亚职业教育与培训的系统性建设任务。1995年，澳大利亚建立资格框架体系（Australian Qualification Framework，AQF），将所有义务教育后的各类教育与培训资格统一归整到国家的整体资格体系之中。1996年，新学徒中心（New Apprenticeship Center，NAC）建立，该中心建立的目的是进一步实现职业教育与工作岗位的相互促进。1998年起，联邦政府在全国范围内倡导和推广各个行业的"培训包"，将此作为职业教育与培训的课程开发依据。至此，澳大利亚初步建立起了较为完善和规范的职业教育体系。

进入21世纪以来，为更好地应对全球经济竞争，澳大利亚进一步致力于职业教育与培训（VET）体系的改革，实行"技能立国"的国家战略。《2004—2010澳大利亚国家职业教育与培训战略：塑造我们的未来》中提出，要依托职业教育增强澳大利亚工商业的国际竞争力，获得全球性的知识和技能，建设可持续发展的全球性社区。2005年，澳大利亚发布了《职业教育发展新方向》，鲜明提出要确保行业在国家层面上为职业教育出谋划策。2006年以后，"澳大利亚学徒制"正式全面取代原先的"新学徒制"。2011年，《澳大利亚2011国家职业教育与培训监管者法案》出台，开始重视和关注对海外留学生的服务问题。时任澳大利亚总理的吉拉德（Julia Gillard）提出："技能是现代经济的命脉，是保证未来繁荣的关键。"2012年，联邦政府发布《面向所有人的技能》的改革计划。2013年，最新版的《澳大利亚资格框架》再次修订完善。2014年，职业教育与培训顾问委员会（VET Advisory Board）成立，旨在加强各行业与技术部门之间的联系，及时为政府决策提供和反馈正确的市场信息。同年，《工业创新和竞争力议程——澳大利亚强盛的行动计划》颁布，进一步将职业教育提升到了国家经济发展中心的高度。2016年，随着澳大利亚职业教育作为产业的输出，海外留学生来澳学习的数量不断增多，《海外学生教育服务法案》的最新修订版本颁布，澳大利亚的职业教育越来越受到世界各国的关注。

（二）澳大利亚职业教育体系简述

澳大利亚的终生教育系统大体可分为三大部分：学校、职业教育与培训（Vocational and Training，VET）和高等教育。

澳大利亚的职业教育与培训是继义务教育以后的一种职业技术教育与培训，主要提供初次就业培训、职业培训以及提高现有的工作技能水平的培训等，为行业和企业提供不需要工作适应期的高技能劳动力。

澳大利亚的职业教学与培训体系——国家培训框架（ANTF）创建于1994年，以澳大利亚国家培训局的诞生为基准。20世纪80年代以来，澳大利亚政府在各行业与职业教育研究机构的共同支持下，建立了一个在国家资格框架下以能力标准为基础、以培训包为依据的国家培训框架。

（三）澳大利亚职业教育体系的特色分析

澳大利亚职业教育经过一段时间的发展，已经形成了一套完整的、特色鲜明的且具有国际水平的职业教育体系，该体系具有以下特征。

第一，组建多主体联合管理机构。澳大利亚职业教育管理机构主体包括政府、学校、行业和企业。这些主体各自发挥自身优势联合管理，指导澳大利亚办出具有特色的职业教育。在政策制定、学校管理及课程开发等方面邀请企业和社会人士参与、指导并积极采纳有建设性的建议。

第二，办学模式灵活，满足市场的变化与需求。澳大利亚职业教育办学灵活的特点显著：首先，体现为生源的灵活性。生源不仅仅包括应届的初高中毕业生，还包括高中毕业后参加工作1～2年的青年、对职业等级证书有需求的高校毕业生，还有需要短期或长期培训的社会在职和失业的人员。其次，体现为课程设置和学习方式的灵活性。依据市场的变化与需求，TAFE学院每年开设专业、招生人数、专业的选择、学习时间的选择、学习方式的选择等都很灵活。

（四）澳大利亚职业教育体系的经验借鉴

澳大利亚的职业教育取得了很大的成果，甚至成为澳大利亚与国际接轨的重要教育形式，对我国有如下的借鉴意义。

1. 立足现实需求，确立职业教育发展基点

第二次世界大战以来，澳大利亚高等职业教育的发展与变革呈现出由被动接受向主动适应经济发展需要的逐步拓展与深化的过程。时至今日，其立足于经济发展的需要，聚焦于现实需求的目标导向为我国确立职业教育的发展目标提供了有益参考。因此，未来我国职业教育改革必须立足现实需求，以适应中国现代化经济体系建设，将推动中国经济实现飞跃式发展作为发展职业教育的出发点和落脚点。基于此，职业教育的发展与变革要以现代化经济体系建设为指南针，使其在面对不断变化的外部环境时针对管理体制、培养目标、课程设置等方面迅速做出调整，以应对时代的考验以及适应社会主义现代化全方位改革的需要。

澳大利亚的改革经验尽管值得借鉴，但同时澳大利亚在动态的改革过程中所面临的困境也为中国职业教育发展敲响了警钟。20世纪80年代，澳大利亚高等职业教育开始了从知识本位转向能力本位的关键变革。尽管这次变革以经济发展需求为基石，以满足就业为导向，但是对澳大利亚当时的经济现状进行深入分析不难发现，以能力为本位的高等职业教育兴起部分是为缓解社会失业问题而提出的急功近利的行为。因此，我国的职业教育在面对未来的发展问题时，应注意避免消极被动应对外部经济环境而采取急于求成的改革行径，应科学地审视与判断中国社会发展的现状与未来趋势，满足有利于经济发展的积极需求，有效规避消极影响，从而更好地适应现代化经济建设需求下对高技术技能人才的要求。

2. 政府积极参与，疏通职业教育发展堵点

纵观二战后澳大利亚职业教育制度的变迁，从1945年至1975年的管理体制初建与各州管理机构的扩充，到20世纪70年代中期至21世纪初的联邦政府顶层设计，联邦政府与各州和地区协调管理，这一过程体现了政府的积极介入，使得澳大利亚职业教育制度由分散逐渐走向统一。参考借鉴澳大利亚高等职业教育改革中国家介入高等职业教育发展事务的经验，我国政府也应积极参与职业教育体制建设，为培养面向未来的高技能应用型人才提供源源不断的动力。

一方面，政府积极发挥宏观调控、统筹规划的作用，通过制定相应的职业教育法律法规，完善职业教育体系建设。澳大利亚职业教育发展的经验证明，政府通过财政拨款、协调行业与职业教育机构之间的关系以及规范管理体制等一系列措施，在职业教育体系建设中发挥了引导、规范和监督的重要作用。2020年，《职业教育提质培优行动计划（2020—2023年）》中着重强调，政府及有关部门应协同配合，由地方政府承担落实职业教育的主要责任；政府、行业、企业与学校加强沟通，建立合作伙伴关系，为促进职业教育的发展同向发力；同时，为推进职业教育稳固且高效地发展，政府应统筹管理，形成多元化的办学格局。政府积极统筹调控，对完善职业教育体系建设具有重要意义。

另一方面，政府应为职业教育提供财政支持，为职业教育变革提供经费保障。政府应切实落实财政性职业教育的经费投入，通过调整财政投入规划、优化财政支出结构等措施，在增强各级政府对职业教育的经济关怀的同时，还应切实完善职业教育财政保障机制。中央财政应确保教育经费向职业教育倾斜，逐步建立起与办学规模、培养成本、办学质量相适应的财政投入制度。除上述财政支持的重点领域外，政府还应关注次要矛盾，加大对经济欠发达地区的财政支持力度，利用经济手段疏通国家职业教育发展的堵点。

第二节　国外职业培训体系

一、英国职业培训体系

英国也是被认可的职教强国之一,历来注重职业培训的法制化管理和制度化管理,形成了系统完善的体系,为我们提供了丰富的理论和实践经验。

(一)英国职业培训体系简述

1. 学徒制

学徒制是一种促进年轻人从学校到工作岗位的过渡以及服务于国家经济社会发展的有效手段,尤其是作为表征学徒制最典型特征的"工作本位学习",通常被视为发展工作技能和提高劳动力生产率的有效工具。在国际上,英国的学徒制享有美誉,近些年也一直不断推出各种变革举措,曾被经合组织评价为"很少有国家能与英国目前推行的学徒制改革的力度和范围相媲美"。

在英格兰,学徒制标准规定了四种类型的学徒制,包括中级学徒制、高级学徒制、高等学徒制和学位学徒制。在苏格兰,学徒制包括基础学徒制、现代学徒制、技术学徒制、研究生学徒制和专业学徒制等不同的类型。

2. 国家职业资格标准

随着国际"终身教育"的理念被提出,资格框架的建立成了多数国家关注的焦点,英国也是在这方面起步较早的国家,但是最初的设计由于缺乏系统性,颁发机构鱼龙混杂,证书的种类繁杂且没有统一的标准,导致其在使用和管理中出现了诸多问题。直到20世纪80年代,英国才开始着手改革,建立了全新的国家资格框架体系。

(1)国家职业资格框架

1986年10月,英国成立了国家职业资格委员会(National Council of Vocational Qualifications,NCVQ),并正式推出全国统一的国家职业资格证书制度(National Vocational Qualifications,NVQ),该文件旨在解决当时存在的"职业证书满天飞"的乱象,以实现国家层面的统一为最初目标,框架制度设计就11个职业领域分别划分了5个等级,从低到高依次为专业人员、高级技术员、技术员、技术工人与熟练工人。这一框架资格倡导机会均等原则,为义务教育阶段后的学生、在职人员以及特殊群体等提供了平等参与的机会,在当时具有一定的激励作用,特别是针对在职人员的继续教育,掀起了一段时间的"考证热"。

(2)国家资格证书框架

同时,为了更有效地推进"职普互通"的改革,英国于1997年先行实现了在管理机构上的"融合互通",将原来的国家职业资格委员会与学校课程委员会进行合并,新成立了"资格与课程管理局"(Qualification and Curriculum Authority,QCA),其致力于在全国范围内促进职业资格证书与普通学历资格教育证书实现一体化的格局。于是,QCA于2000年发布了新的资格证书管理规定,正式将中等教育的资格证书、职业教育的资格证书以及高等教育资格证书全部纳入国家资格证书框架体系(National Qualification Framework,NQF),有效推动"职普互通"向前迈进了一大步。但是很可惜,高等教育学士阶段证书并没有真正对接职业资格证书,这也是由于其自身的证书体系不够完善造成的,为了弥补这一遗憾,2001年英国高等教育质量保障委员会重新梳理了高等教育的相关证书,出台了高等教育资格框架体系(Framework for Higher Education Qualifications,FHEQ),首先实现了学士以下层次的资格证书与其他职业资格证书的衔接,该体系共分为6级,一方面促使涵盖普通中等教育、职业教育以及高等教育三者并行的"职普互通"雏形基本形成,另一方面再次梳理和完善了各类证书体系,有效缓解了"考证"局面的杂乱无章。

2004年,为了对外接轨欧洲资格证书框架,对内实现与高等教育阶段各类资格的全面对接,QCA再次对NQF框架启动修订和完善工作,将原来的6级证书制升级为9级证书制,这样初步形成了教育体系(主要指义务教育阶段以后)中各个阶段定位明确、对应清晰的"职普互通"国家资格证书框架。

但是,随着框架的执行,人们发现真正意义上的"价值对等"并没有完全实现,一方面是因为英国崇尚"精英教育"的思想,仍然认为普通高等教育比职业教育更胜一筹;另一方面是NQF自身还存在一些瑕疵,问题焦点依然集中在证书名目错综复杂,课程安排和学习内容不尽合理,无法完全实现对标转换,导致很多学习者花费大量时间重复学习,以至于无法顺利完成学业。因此,英国政府应继续加大改革力度,打造新的资格框架体系。

(二)英国职业培训体系的经验借鉴

我国的职业培训体系可以从英国的职业教育与培训体系中借鉴以下两点经验。

一是英国国家职业标准由行业技能委员会制定，职业培训体系已经从过去主要由培训者主导并且角度专业化过渡到由雇主和雇员引领技能发展。因此，我国的职业培训也应注重合理的国家职业标准的制定，充分发挥雇主和雇员的作用。

二是培训与职业资格证书制度相结合。英国的职业资格证书制度与职业培训的相互结合，具有激发失业者参与培训热情、增强培训效果的作用，使失业者在培训结束之后能够实现就业。对于我国的职业培训体系而言，首先，应在短期内针对失业者实际状况选择合适的行业或技能，展开有效的教育培训，帮助他们实现就业；其次，保证失业者在重新步入职场以后，可以继续进修，考取更高一级的证书，在职业上持续发展。

二、澳大利亚职业培训体系

（一）澳大利亚职业培训体系简述

20世纪90年代末，澳大利亚职业教育经过调整管理体制、保障联邦政府与州政府的财政投入以及搭建能力标准框架，逐渐建立起以行业需求为导向，以能力为本位的职业教育与培训体制。为了保障职业教育与其他教育层次的有效沟通，提高教育质量，澳大利亚政府又相继补充了澳大利亚认证体系、培训包以及澳大利亚资格框架，使得职业教育国家培训体系进一步完善。

1. 澳大利亚认证体系

为构建功能互补的职业教育机构，形成教育合力，在国家能力标准框架的基础上，政府与工业界共同设计了以能力本位培训为基础的认证与识别框架——国家认证框架，当一门课程获得认证或一个培训项目得到州或地区认证机构的认可时，就相当于获得了全澳大利亚的认可。国家认证框架包括课程认证、培训项目认证以及供应商注册三种认证类型，主要认证方式包括先前学习认证、简单认证、学分转换、开放培训市场、能力评估五种。

（1）认证类型

①课程认证。课程认证是职业教育和培训认证机构对课程内容和标准与所获得的证书相适应的正式认可。认证程序确保维持课程质量和证书标准。如果要获得认证，课程必须满足三项要求：一是课程内容能够适应行业、个人和其他教育机构的需要；二是必须允许承认之前的学习；三是课程必须具备衔接性，并提供与其他课程之间的学分转换安排。值得一提的是，任何个人或组织都可以开发课程并寻求州或地区认可机构的认可，认证期限不得超过5年。

②培训项目认证。培训项目是包括认证课程在内的一系列培训计划。在成功完成培训计划后，学生将获得一份详细描述能力的成绩说明。培训项目可以是认证课程的一个或多个完整模块，也可以是与认证课程的一个或多个模块具有相同学习成果的一系列培训。培训项目的认证，通过学分转换，可促进职业教育与培训，帮助学生在短时间内完成培训，避免不必要的重复学习。

个人或组织可以制订培训计划，并寻求州或地区认证当局的认可，在与培训计划相关的认证课程的时间周期内认证皆有效。

③供应商注册。特定的培训供应商若有能力提供特定认证课程或被认可的培训计划，州或地区认证机构即可对供应商进行认证，被认可的供应商可进行注册。注册的培训供应商必须在适当和安全的环境中对学员进行培训，雇佣符合相关培训师最低能力标准的员工，并提供充足的资金保障。注册的供应商向学员提供特定的认证课程或认证培训计划。注册期限不得超过认证课程或认证培训课程的有效期。

（2）认证调整

1997年，南澳大利亚就业、培训与继续教育部门联合职业教育与培训部发布了《国家培训框架、新认证安排和培训包》的指导性文件。文件中对此前的认证方式与安排有了新的调整。文件提出了一套新的行政安排方案，被称为澳大利亚认证体系（Australian Recognition Framework，ARF）。澳大利亚认证体系应建立在原有的国家培训认证框架、澳大利亚学习经历的认证安排以及能力本位国家培训体系的基础上。

新的认证安排将涉及认证及注册委员会（Accreditation and Registration Council）、国家培训框架委员会（National Training Framework Committee）、行业界团体及组织以及注册培训机构（Registered Training Organizations）。各机构的职能如下。

①认证及注册委员会。认证及注册委员会主要负责注册培训机构并授权认证权限和注册范围；制定、批准和监督质量标准；实施相互认证安排，在一个司法管辖区被认可的注册培训机构和培训产品将自动在南澳大利亚州被认可；管理没有得到认可的培训包的认可过程；与行业一起审核职业、教育与培训系统；等等。

②国家培训框架委员会。国家培训框架委员会主要负责确保培训计划满足行业需求；认可相关培训包的组成部分；确保澳大利亚资格框架中的资格水平与能力标准相挂钩；确保这些资质得到一致的应用，并反映出行业所需的培训结果；就一般评估事宜提供政策建议；为国家承认安排的要素制定质量标准，并监测其

运作情况；确保国家培训信息服务作为职业、教育与培训系统的一个可访问的信息来源，包括培训包和注册培训组织。

③行业界团体及组织会。行业界团体及组织会主要负责参与认可国家能力标准；在确保培训产品和服务的质量标准和持续改进方面发挥重要作用；参与审核他们所在行业的职业、教育与培训系统的结果。

④注册培训机构。注册培训机构主要负责一个更有效的培训提供者注册流程；开发和提供培训产品和服务，包括颁发资格证书；通过合作安排，与本地公司建立更紧密的联系；负责满足个别学生的一般教育需求。

（3）认证方式

在南澳大利亚州认证调整的基础之上，澳大利亚国家认证方式也发生了很大的变化。为构建一个灵活的、可在教育系统内实现学分转换的澳大利亚认证体系，联邦政府、行业界与工会皆针对认证方式提出了相应的修改意见，最后总结出了五项认证方式。

①先前学习认证。先前学习认证（Recognition of Prior Learning，RPL）是一个评估过程，旨在承认先前的学习，不管它是何时何地如何获得的，这种学习必须与能力单元的学习结果或资格证书相关。RPL认证担任着重要的经济角色，可加速现代技能的传播与增强劳动力的流动性。RPL使人们进入正规教育或培训体系学习的机会更多，获取资格证书的方式更灵活，使人们更容易在教育、培训及就业等三个体系之间流动，因此成为实现终身教育的一个重要途径。RPL评估应遵循有效性、公平性、弹性、可靠性等原则。

先前学习认证基于五项要求：一是先前学习认证能将一个人通过正式和非正式培训所获得的能力集中化；二是培训供应商必须承认个人先前学习的成果；三是认可个人的先前学习；四是公平原则；五是为学员学习提供足够的支持。

②简单认证。简单认证是认证的方式之一。认证是指职业教育和培训认可机构对以下方面的正式认可：一是课程内容和标准与所收到的证书相对应；二是培训过程和方法达到了课程目标；三是课程设置和评估基于已有的国家能力标准。

所有的课程认证需要满足十项要求：一是确定行业培训需求或市场需求；二是课程标准与证书要求相对应；三是基于能力本位培训；四是通过先前认证，使学习者能够在不同时间点进入或退出课程；五是灵活学习；六是足够清晰的学分转换；七是自定义课程；八是公平获取和参与；九是适当地评估；十是持续监测和评估。

③学分转换。通过培训项目认证实现学分转换是认证的另一种重要方式。学

分转让是指一个特定课程或培训项目的学分将在该框架下得到另一个教育机构的认可。如果员工在一个州或地区完成了一个或多个认可的培训项目，然后被转到另一个州或地区，该培训将得到全澳大利亚的认可。

一个培训项目要获得认可，必须在一个或多个认证课程的模块中达到相同的能力。学分转让基于五项要求：一是认证课程的完整性；二是学分转让的目的在于提供最大限度的合法学分；三是学分转换必须考虑到在培训项目中学习到的所有能力；四是只有当学生能力水平符合培训项目的能力要求时，才有学分转让的资格；五是学分转让在被认可的课程中有效。

④开放培训市场。开放培训市场能够扩大供应商注册范围。注册是指由国家和地区认证当局正式承认供应商有资格提供特定的认可课程或认可培训计划。培训机构注册网络覆盖广泛，所有培训机构都有机会申请注册，成功注册的供应商能够颁发资格证书或具有国家认可的培训标志的成就声明。

注册基于六项要求进行：一是认证培训的提供者必须注册；二是员工必须达到培训师的相关最低能力标准；三是提供商需提供适当和安全的环境；四是学生和提供商的权利和责任必须得到充分理解；五是注册的商业提供者必须提供学生资金得到充分保护的证据；六是注册供应商必须在注册期限届满前重新申请注册并接受质量评估。

⑤能力评估。能力评估也是认证的重要方式之一。评估是质量培训的重要组成部分，全国范围的一致性评估是国家认证框架的主要特点。所有评估必须有效地衡量一个人在认可的课程或培训项目中获得了什么能力。

评估主要基于五项要求：一是基于能力本位的培训；二是评估方法灵活，评估方法包括实践练习、笔试、计算机生成的测试等方式；三是确保有效性，评估方法必须显示测量内容；四是确保可靠性；五是承认先前的学习认证。

为进一步落实国家认证框架在全国范围的实施与认证安排，联邦就业、教育与培训部提出并制定了关于澳大利亚资格框架指南与开发培训包的建议。

2. 澳大利亚资格框架

资格是由相关认可机构所颁发的正式证书，以确认个人获得与专业、行业或社区需要相关的学习成果或能力。职业资格制度在职业教育课程设置以及能力认证问题方面发挥了重要作用，属于职业教育中一种关键的评估方式。

（1）资格框架的开发

20世纪90年代之前，澳大利亚各州在资格的鉴定与资格证书的发放方面各行其是，互不相干，缺乏统一的国家资格框架体系。为了改变这种状况，1985

年,澳大利亚高等教育课程审定委员会(Australian Council of Tertiary Awards,ACTA)建立。联邦政府开始尝试建立一个紧密联系的高等职业教育系统,澳大利亚资格框架即其中重要的一环。在联邦政府与州政府的共同努力下,1995年,澳大利亚资格框架咨询委员会(Australian QualificationsFramework Advisory Board,AQFAB)发布了第一版《澳大利亚资格框架实施手册》,澳大利亚正式引入澳大利亚资格框架(Australian Qualification Framework,AQF)。

在国家能力标准的基础上,澳大利亚普通义务教育部门、职业教育与培训部门以及大学三个不同的部门出具不同的资格证明,构建了涉及三大部门且在纵向层面相互衔接、横向层面灵活沟通的资格框架体系。其中,普通义务教育部门主要负责学生的义务教育,是接受职业教育与培训前的重要阶段。在这一阶段,学生需完成必修的通识教育以及与职业教育有关的选修课程,为进入劳动力市场、继续接受职业教育与培训及进入大学深造做好准备,资格的获得标志着学生中学教育的完成;职业教育与培训部门主要负责各类职业教育,学生获得的基础理论与实践技能是否符合相关工作场所的要求,是职业教育与培训部门进行考核并且决定是否颁发资格证书的关键所在;大学部门的资格认证方式同样是颁发相应的资格证书。值得一提的是,澳大利亚的大学必须为学生提供与国际水平相一致的专业水平及资格证明。

(2)资格框架的补充与完善

进入 21 世纪后,在教育日益国际化与现代化的大背景下,澳大利亚资格框架发生了若干变化。2004 年,资格框架中增加了副学士学位。随后于 2005 年增加了职业研究生证书和职业研究生文凭。

2008 年,澳大利亚专门成立了资格框架委员会,并于 2009 年 9 月发布了"澳大利亚资格框架建议书",向各机构、院校、培训机构及行业、产业征询意见和建议后,由高等教育和就业部长理事会(MCTEE)于 2010 年 9 月批准了"关于加强澳大利亚资格框架的建议"和新修订的澳大利亚资格框架。

2011 年,为保证资格框架在全国范围的一致性,继续支持资格的灵活沟通与互认,保障澳大利亚资格框架与国际资格框架的衔接性与比较性,在资格框架委员会的指导下 AQF 进行了新的调整,并公布了调整后的第一版本澳大利亚资格框架。

2013 年,澳大利亚资格框架委员会(AQFC)认为目前的资格框架过于冗杂,不利于各教育部门之间的沟通与认证。因此,委员会将职业研究生证书和职业研究生文凭从框架中删除,并允许职业教育和培训以及高等教育部门共同认证并颁发研究生证书和研究生文凭。2013 年 1 月 1 日，《澳大利亚资格框架（第二版）》生效。从总体上看，澳大利亚资格框架（AQF）包含 14 种资格类型，对应了不同的部门：普通义务教育部门颁发高中教育证书；职业教育与培训部门依据专业技能级别可授予学生证书Ⅰ、证书Ⅱ、证书Ⅲ、证书Ⅳ、文凭和副学士学位；大学部门则主要颁发或授予学生文凭、副学士学位、学士学位、毕业证书、研究生文凭、硕士及博士学位。值得一提的是，同一资历尽管在多个部门颁发，但每个部门的学习方式不同，部门授权也有所不同。

澳大利亚资格框架是澳大利亚教育和培训体系中规范资格的国家政策。它将三个不同教育部门颁发的资格纳入一个单一的综合国家资格框架内，不但促进了普通义务教育部门、职业教育与培训部门及大学部门之间的横向沟通，也从纵向层面拉紧了资格衔接的纽带。国家认证框架体系的建立为澳大利亚资格框架的建构提供了保障。

3. 国家培训包的开发

1998 年，在国家能力标准基础之上，国家认证框架的学分转换在横向上充分考虑了职业教育的衔接性，国家资格框架的资历认证与颁发在纵向上体现了职业教育的连贯性，使得澳大利亚国家培训体系更加灵活。值此时机，澳大利亚开发了以行业需求为背景、以能力为本位的培训包。

为进一步提升职业教育课程开发与实施成效，澳大利亚国家培训框架委员会着手进行以行业需求为导向的培训包开发工作。1998 年 10 月，国家培训框架委员会同意采用分阶段、过渡的办法编订课程培训资料，包括开发、编辑与更新培训包开发指南。1999 年 8 月，政府颁布了《1999 年培训包政策》与《1999 年培训包开发流程》，标志着国家培训框架下培训包的正式建立。

（1）培训包的定义

培训包（Training Package）在澳大利亚被称为整套培训计划或培训一揽子计划，是国家培训框架的至关重要的部分，是由行业制定并得到国家认证的一整套培训计划。培训包是澳大利亚高等职业教育体系的核心，以行业培训顾问机构为主导，联合国家培训质量委员会、注册培训机构、国家行业技能委员会和企业一起开发，最后由联邦政府的国家质量委员会审核并发布在官方网站。

（2）培训包的内容

每一个培训包都由三个部分构成，即由国家认可的能力标准、评估指南与资格。首先，能力标准是知识和技能的规范，以及工作要求的知识和技能应用的绩效标准。不同的工作场所所需的能力标准不同。其次，评估指南是为评估特定行业或各个企业员工能力所提供的评估系统。评估安排应有效、可靠、灵活、公平，并符合澳大利亚认证框架和国家评估原则。最后，每一个培训包都有相应的资格认证标准，由澳大利亚资格框架统一定义培训包的资格。

（3）培训包的开发过程

培训包开发大致需经历以下几个阶段：一是国家行业咨询委员会或认可机构就其有优先开发需求的行业的培训包数量和领域进行商议，向州、领土和联邦职业教育与培训当局征求关于优先事项的意见，并向国家培训框架委员会提供意见。国家培训框架委员会就其协议的最后发展事项向澳大利亚国家培训局提供咨询意见。二是国家行业咨询委员会或其认可机构将与澳大利亚国家培训局签订开发合同，为行业/行业部门开发培训包。根据合同要求，培训包中未被认可的部分必须公开招标。三是培训包由行业、州和地区的相关机构进行开发和检验。四是培训包需送交至澳大利亚国家培训局，以便及时进行评估。

（4）培训包的作用

培训包具有重要的作用。第一，培训包是为特定行业或企业量身打造的培训内容，主要包括能力标准、资格认证与评估指南；第二，培训包是通过对能力的直接评估而不是根据课程的学习成果来授予资格；第三，培训包能够满足个人需求，鼓励发展和提供适合个人需要的培训；第四，培训包鼓励在工作环境中学习，从而获得可经验证的工作结果；第五，培训包也重塑了教师与课程的关系，教师角色可以说只不过是一个传递者。"教师自由"的学习理念随着工作场所评估员、工作场所导师和行业培训师的引入而得到加强，教师的角色正从学科知识的直接提供者转变为能力的指引者。教师不仅需要掌握专业的知识与技能，同时也要具备行业背景与经验。

（5）培训包的特点

从严格意义上来讲，培训包属于澳大利亚能力本位高等职业教育的有机构成部分。通过对培训包开发过程的考察，可以捕捉到培训包的若干特点。首先，课程开发是交由澳大利亚培训课程委员会（ACTRAC）负责的。为推进国家课程的发展，确保职业教育培训更好地满足未来行业发展的需要，职业教育、就业和培训咨询委员会（VEETAC）计划成立澳大利亚培训课程委员会，具体负责高等职业教育课程的开发工作。澳大利亚培训课程委员会的目标包括：实现课程开发的国家一致性；将政府和非政府培训工作联系起来；制作和推广以能力为基础的课程材料。澳大利亚培训课程委员会将由来自行业、工会和政府的三方代表组成，作为联络行业、工会与政府的中介。其次，课程开发不应孤立地进行。参与课程开发的组织主要包括：国家培训委员会（NTB）和国家能力标准组织（CSBs），行业培训咨询机构（ITABs），州和地区认证当局及其他教育机构。最后，满足行业培训需求是课程设置的主要原则。

除此之外，培训包还应满足六项要求：一是采用灵活的学习方式；二是面向所有潜在学习者的需求；三是加强衔接性，使学习者从基础到高级的专业培训皆与其职业道路一致；四是先前学习认证；五是能力标准应明确涵盖不同工作所需的技能与知识；六是能力评估。经过近四分之一个世纪的发展与完善，澳大利亚高等职业教育基本确立了以能力为本位，以行业需求为导向的国家培训体系。通过对国家培训体系的建构与完善过程加以考察，我们可以认为建构能力本位国家培训体系需满足两个重要条件，一是确定能力本位高等职业教育体系的作用是为适应行业的发展需要，二是充分考虑各行业的用户需求。不仅满足了各行业共性的发展需求，也充分考虑企业与个人的独特性需要。有学者研究指出，国家培训体系和培训包作用更宽泛，不仅包括为产业部门输送所需人才，同时也为之前没有机会接受教育的人提供"第二次机会"，是教育公平在职业教育领域的深刻实践。

（二）澳大利亚职业培训体系的经验借鉴

1. 重视先前学习结果认证

对于先前学习成果认证，我国可以借鉴澳大利亚的先进经验建立起一套行之有效的认证标准和规范化的制度流程。由于先前学习成果认证主要是对学习者非正式、非正规的学习成果进行认证，我国非正式、非正规学习成果种类繁多，而且还会涉及工作经验等实践性较强的学习成果，因此，应建立起一套宽标准、多维度的认证标准。同时，评估对象可能包括学生、企业员工、其他社会工作人员等，其来源的广泛性决定了先前学习认证需要采纳多种方法和手段，以保证所有认证者的学习成果可以公平公正地得到认证。

2. 以学习结果为依据，构建资格标准体系

当前，我国正努力构建国家资历框架，也十分重视资格证书互认体系的建设。但目前的衔接缺乏一个标准基础，即资格标准体系。澳大利亚资格框架的资格标准体系以学习结果为依据，主要体现在知识、技能、知识和技能的应用三个方面，此外学习结果要求中还规定了取得资格的概念学习量。我国在构建资格标准体系时可以借鉴澳大利亚资格框架的学习结果标准，同时也需要考虑新时代我国经济发展的人才需求。例如，在国家大力倡导建设创新型国家的时代背景下，资格标准体系可以适当突出创新能力、问题解决能力和社会责任感等要素。此外，也要

避免澳大利亚资格框架中出现的仅"以输出为导向",忽视学生的受教育形式、学习内容以及教学方法等"输入"过程。

第三节 国外职业教育质量保障体系

根据《现代汉语词典》的解释,质量即"事物、产品或工作的优劣程度"。而"质量保障"一词,最早在20世纪80年代被英国引入教育管理中,我国是在20世纪90年代后期开始应用于教育领域的。关于"质量保障",根据ISO的标准,质量保障是整个质量管理工作的重要组成部分,将质量发展到可信任、符合要求的状态。此外,关于质量保障确立的概念,即为保持与提升教育水平,学校与有关管理机构依靠配套活动的实施,建立完善的教育体系,推动过程性监控机制,并严格遵守相关的教育标准。

随着我国教育管理体制的不断革新,"教育质量保障"一词的内涵也不断地深化,教育质量保障体系的建构也随之提出。依据《现代汉语词典》的词语界定释义,"体系"有整体与关联的含义;而《教育大辞典》中对教育体系的界定则是为达到一定教育目的,实现一定教育、教学功能的教育组织形式整体。

综上,教育质量保障体系是指在严密的科学流程中,由中央和各级政府、学校、其他社会服务团体等多元主体共同参与,并通过多元主体协同的管理方式,保障教育质量,达成培养目标的科学体系,且该体系由内部质量保障与外部质量保障两部分构成。

一、国外职业教育质量保障体系概况

21世纪是高技术人才渴求迫切的时代,也是职业教育质量比拼的时代。现阶段我国职业教育发展依然存在着一定的矛盾,突出表现为社会所需的职业教育质量水平与现在职业教育所处的质量水平之间的矛盾。为了解决这一矛盾,我国正努力提高职业教育质量保障体系的现代化水平,提升职业教育质量。现代化职业教育质量保障体系构建的前提是站在我国职业教育的立场上直面我国职业教育质量保障体系的现状。"三人行,必有我师焉",借鉴国外发达国家职业教育质量保障体系的经验,能够让我们在构建21世纪特色的职业教育质量保障体系过程中少走弯路。国外一些国家的职业教育发展较早,在各方面也发展得比较完备,成就突出。

例如,OECD在2015年的报告中指出,德国在为年轻人创造就业机会

方面优于其他工业国家。经济合作与发展组织秘书长安赫尔·古里亚（Angel Gurría）表示，德国历来非常重视职业教育领域，能够积极帮助年轻人融入职场并推动其提升与发展。根据2013年的统计资料，在34个OECD国家中有超过3900万青年没有工作且未接受有效培训，较2008年世界经济危机之前增加了500万。相对于其他国家，德国的情况明显较好，其15～29岁失业且未受训青年的比例为9.7%。OECD国家的平均比例为14.9%。而2013年在澳大利亚进行的雇主满意度调查显示：90%的雇主认可职业教育培训体系在培养技能方面具有重要的意义，而雇主对资格培训的满意度为78.3%，对学徒制的满意度为78.8%，对国家资格认定的培训满意度为83.1%。近些年这些指标呈现稳步上升趋势，极大地促进了培训质量的提升。并且英国自2010年以来已创造了超过两百万个学徒制岗位，进而推动英国成为七国集团（G7）成员国中发展迅速的经济体。

二、国外职业教育质量保障体系的经验借鉴

通过对国外职业教育质量保障体系进行分层次讨论与比较，从中可以发现各国在职业教育法律法规、职业教育研究所与保障机构、国家职业教育质量保障框架、教师资格准入制度、职业教育经费、行业协会和企业参与职业教育质量保障等职业教育质量保障方面存在着不同点与相似点。基于此提出以下几点建议并作为结论，或可作为我国在职业教育质量保障体系建构时的参考。

（一）健全职业教育相关法律法规

随着经济形势的改变，职业教育的发展需要法律的保驾护航。德国职业教育成绩突出的原因是德国政府及时修订相关的法律法规，从《职业教育法》《职业教育条例》到新《职业教育法》出台了规范职业教育的相关政策，明确了职业教育发展中各主体的职责，对财政投入、办学条件、教师任职资格、校企合作等方面都做了详细规定，充分保证了职业教育的地位，为职业教育发展提供法制保障。基于此，我国也应该积极推动职业教育相关法律法规的优化与完善。

（二）思想观念上认可并重视职业教育

职业教育与普通教育都是教育体系的一部分，具有同等重要的地位，只是培养目标不同，都应该得到国家和社会大众的关注。德国政府高度重视职业教育的发展，把职业教育看作关乎国家未来以及推动经济发展最为重要的基础；美国更是将职业教育当作经济发展的基础、国家富强的基石。这些都启示我们要

在思想上破除"重普轻职"的传统观念，平等看待职业教育，优化技术技能人才发展环境。

（三）拓宽职业教育经费来源渠道

德国和美国的职业教育模式都反映了社会各界对学生实践能力培养的重视，均为学生提供企业实习岗位进行学习和培训，并提供实习薪金，通过实习实训使学生提高实际操作能力。区别在于德国的实习场地由企业出资建设，美国则是由校企合资建设。而目前我国职业院校的实训基地建设几乎都是由政府财政拨款，就当前实训设备发展的现状来看，这些财政拨款对于很多学校来说是很难满足实际需要的。因此，政府应该出台相关的政策，调动社会力量，发挥多方参与职业教育建设的作用，拓宽经费来源渠道，支撑和确保职业教育系统有效运作。

（四）严格把控教师职业资格认证标准

美国突出强调职业院校教师队伍的选拔与建设，非常重视职业资格证书，明确要求必须经过严格的考核才能取得职业资格证书。而且美国职业院校的教师一般要求取得博士或硕士学位，或者是某一专业领域的专家或高技能人才。当然严格的资格聘任制度对应的是优厚的薪资待遇。政府应该完善职业院校教师资格认证标准、教师培训制度、激励机制等，同时鼓励学校和企业共同建立企业兼职教师标准，形成一套完整的师资队伍建设体系。

第四章　当代职业教育教学基本理论

教学是教育的本体，教学理论研究是推进教育教学改革的终极关怀。对职业教育教学理论展开研究，有利于促进教师更好地开展教学，提高当代职业教育教学质量。本章分为当代职业教育的教学目标、当代职业教育的教学内容、当代职业教育的教学过程、当代职业教育的教学方法、当代职业教育的教学模式五个部分。

第一节　当代职业教育的教学目标

一、当代职业教育的教学目标价值取向

（一）个体发展的需要

在学生个体发展需要方面，职业教育教学目标的价值具体体现在学生个体发展的方向和水平上。长期以来，在教学目标的研究和使用上，人们一直十分关注学生个体发展的水平，忽视学生个体发展的方向，而学生个体发展的方向往往比学生个体发展的水平更重要。

（二）社会发展的需求

在社会发展的需要方面，职业教育教学目标的价值不但要体现在学生适应社会发展上，还要体现在承担起推动社会发展的责任上。当今社会，政治上民主进程加快、经济上知识经济已见端倪、文化上以人为本、科学技术上空前发展等，都对学生个体的发展提出了较高的要求。

职业教育是与经济社会发展联系最密切的一种教育类型。以高新技术产业为支柱的知识经济时代的到来，对接受职业教育的学生个体提出了更高的要求。知识经济时代以创新为灵魂，以资产投入无形化、经济发展可持续化、经济全球化、价值取向智力化、学习终身化、市场竞争合作化、低碳环保绿色为主要特征，对劳动者的素质、就业方式和职业生涯发展等都提出了新的要求。因此，职业教育

教学目标关注社会发展的需要，就需要注重对学生民主意识、创新能力、绿色理念的培养。

（三）职业发展的需求

在职业发展的需要方面，职业教育教学目标的价值不仅要体现在越来越高的职业特质上，还要体现在职业迁移能力上。长期以来，职业发展存在两大趋势。

一是各类职业对其从事者的职业特质要求越来越高。以高技术含量、高附加值、强竞争力为特征的高端制造业对技能型人才技术特质的要求，以个性化服务为理念向社会提供高附加值的生产服务的现代服务业对技能型人才服务特质的要求，以及现代文化艺术产业对技能型人才文化艺术特质的要求，都是前所未有的。

二是新兴行业的兴起与消亡呈加速之势。职业是社会分工的产物，也是社会生产与生活水平提高的表现。随着经济与社会的发展、科技的进步，职业的数量、类型、结构与需求也在不断改变。不断改变的职业发展趋向加快了个人的职业转变，并对个人的职业转移能力有了更高的需求。

二、当代职业教育的教学目标结构设计

（一）方向性目标的设计

1. 方向性目标的提出

多元智能理论提出每个人的智力结构都是有差异的，而智力结构的差异在某种程度上决定了人们适合从事何种职业。接受职业教育的学生在毕业后一般会有四个方向的职业走向：一是在学校学习的自己本专业的技能得到了充足的发展，成为行业里的佼佼者；二是开发了自身的营销能力，成为营销方面的人才；三是进军管理阶层，成为管理人才；四是自己创业当老板。所以，职业教育的教学要有指导性的目标。

2. 方向性目标的结构

职业生涯发展的成功从个体分析，取决于个体智能结构与职业生涯发展的匹配。因此，职业教育教学的方向目标是智商、情商、财商、逆境商数、创业商数、创意商数、职业商数、领导影响力商数、机遇商数、成功商数、压力商数、健康商数、完美商数、人际社会交往商数、学习商数、魅力商数、系统商数、判断商数、精神商数、发展商数、道德商数、胆气商数、心理商数、意志商数、灵感商数等的组合。

（二）层次性目标的设计

1. 层次性目标的提出

经过多年实践，职业教育如何培养高素质技能人才这一难题仍然没有得到很好的解决。在发达国家，当职业教育以能力本位为教学目标，以优秀的师资、较高的投入及与企业合作等方式，培养出一批世界级的技能型人才时，在师资质量、资金投入、校企合作等问题上遇到了难题。对于发展中国家来说，要想通过大规模的培训，培育出具有较高技术含量的高素质人才，难度还是比较大的。因此，我们需要寻找一条全新的道路，在节省成本的同时，培育出高水平的技术人员。分层教学目标的提出，增强了职业教育教学目标的针对性，不仅明确了知识、技能、态度、能力的目标，还对情感、思维、行为和语言目标进行了明确的说明，这将有助于解决职业教育中存在的教师质量、资金投入和校企合作等问题。

2. 层次性目标的结构

职业教育的教学目标分三个层次。第一层次为"知识、技能、态度"，第二层次为专业能力目标，第三层次为专业特征目标。

（1）知识、技能和态度

知识指的是一个人在与他的周遭的互动过程中所得到的资讯，以及他所拥有的资讯。知识可划分为两类：叙述型和过程型。前一类是指"什么""如何""为什么"等问题，如对某种事实的叙述、对某种观点或信念的陈述；后一类是指解决"做什么"和"怎样做"的问题，属于实践中的知识，这类知识又被称作"操作"的知识。技能是一种合法的、经过学习而形成的行为方法。技能通常可以分成两种类型：一种是行动技能，另一种是心理技能。操作者的能力也被称为"动作能力"。所以，能力的培养对象既有心理能力，也有操作能力。态度是一种内在的心理倾向，这种倾向会对个人的行为产生影响。不同的人对事物的态度包含着不同的认识因素。态度中的感情成分是指与其相关联的一种感情。态度中的行为倾向性因素，是指个人在面对特定客体时，所呈现的一种行动意向，也就是准备做出一定的反应。在职业教育中，态度的含义比较广，除了通常意义上的含义之外，还包含了职业精神、职业信念、职业道德等内容。

（2）专业能力目标

在心理学中，能力通常被界定为能够对工作产生直接的作用，并且能够让工作成功地进行下去的个人心理品质。它是在学习了知识，训练了技能，培养了态度并在完成了工作之后才会产生的。因此，在职业教育的第一个层次上，能力目标是更高层次的目标。在职业教育中,"能力"是一种"能胜任某一工作"的能力。所以,能力指标通常是以一系列的工作来表述的。

（3）专业特征目标

研究表明,在各个行业的技术人员当中,优秀的人的优秀,不在于他知道什么,也不在于他能做什么,更不在于他拥有了各个行业所需要的共性的专业品质,而在于他对自己的职业的专业活动的价值有了深刻的理解,他拥有了与他的职业相匹配的、独特的专业品质。在不同的职业中,这种独特的专业品质被称为特质,它是一种可以将在工作中取得优异成绩的人和取得普通成绩的人区分出来的深层次特点。

教师的职业特征主要体现在教师的职业情感、职业思维、职业行为和职业语言上。因为职业特质是在经过无数次的专业工作之后才会产生的,它也是一种比专业能力更加稳定的个人心理特征,所以,专业特征目标是建立在专业能力目标的基础上的,它是职业教育教学的最高层面的目标。

第二节　当代职业教育的教学内容

一、当代职业教育教学内容的选择

（一）职业教育教学内容选择的范围

一个人的发展,既依赖于他的直接经历,也依赖于他的间接经历。"直接体验"是亲自参与到"转型"的真实生活中获得的体验;间接的经验来自别人。在受过教育的过程中,人们的发展在很大程度上依赖于直接的经历。所以,在教学内容的选取上,就是根据人们的直接经验,根据他们的学习特点,以及他们的发展需求,来选取合适的经验。人类所累积的经验,以理论知识、技术方法、专业行为三个系统的形式呈现出来。所以,要从理论知识体系、技术方法体系,以及职业活动体系中来选择职业教育的教学内容。

（二）职业教育教学内容选择的方法

1. 理论知识选择的方法

在职业教育中,各类专业课程都有其自身的特点。活动课程、学科课程和技术方法课程开设的目的有差异,各类课程的功能也有差异,这就导致了它们具有不同的内部结构设计和内容的组织形式。

2.技术方法选择的方法

结合岗位胜任力要求，对相应的技术手段和岗位胜任力要求进行对比分析。在技术手段的选取上，要注意使学生认识到该技术的起源和演化，并对其进行技术革新；重视使学生对该技术的总体架构有一个清晰的认识；重视使学生在使用该技术的过程中，对该技术的操作进行熟练的掌握，并对其进行技术应用能力的训练；重视让学生对同样用途的其他技术的特征进行区分。

二、当代职业教育教学内容的组织

（一）职业教育教学内容的宏观组织

职业教育是一种"能力为本"的教育，而能力可以通过活动获得。因此，活动课程是职业教育的一项重要内容，它肩负着培养学生能力、提升学生的专业素质的重任。学科课程和技术方法课程的设置，是为了使学生对学科的理论知识框架和技术方法体系的结构有一定的了解，更注重对理论知识框架和技术方法体系的应用。其终极目标是为活动课程服务，从而形成职业能力和职业特质，并将学生培养成具有持续发展能力的知识和技术型人才。

这里的学科课程、技术方法课程和活动课程的关系，与三段式学科教育的课程间的逻辑关系是有本质区别的。在三段式学科教育中，（实践）活动课程是为了更好地掌握学科课程的理论知识和技术方法，最终目的是掌握学科理论和技术方法。因此，学科教育的三段式教学是"知识本位"的，不是"能力本位"的。

（二）职业教育教学内容的微观组织

职业教育教学内容的微观组织是指各类课程内部结构的设计和内容的组织。活动课程、学科课程和技术方法课程开设的目的不同，各类课程的功能的不同决定了其不同的内部结构设计和内容的组织形式。

1.活动课程的结构

活动课程开设的目的是职业能力培养，因此，活动课程的功能是构建学生的职业活动逻辑顺序和能力学习的心理逻辑。

（1）活动课程垂直组织原则的提出

一般垂直组织标准有连续性和顺序性两个标准。连续性是指直线式地陈述主要的课程要素；顺序性是强调每一个后继内容以前面的内容为基础，同时又对有关内容加以深入、广泛的展开。

（2）活动课程水平组织原则的提出

整合是横向组织的准则，是指对选定的各个学科元素，通过发现其内部的关系，并在充分考虑其自身的不同特点的基础上，将其整合为一个有机的整体。职业院校的课程层次划分也是一项综合性的指标。具体内容包括以下两点。

①对职业活动进行整合，也就是将多个职业活动融合成较大的职业活动，也可以被称为多个任务构成项目。

②心理特征的整合，也就是由知识、技能和态度整合而成的单项职业能力，整合多个单项职业能力就形成了综合职业能力。

2. 学科课程的结构

（1）学科课程垂直组织原则的提出

第一，按时间顺序来划分学科的发展阶段。一个学科是如何形成的，它的发展经过了几个时期，每一时期的契机是什么，这些都应该做一个概括性的介绍。因为只需要介绍，所以通常会放到教科书的导言里。

第二，对理论的运用。任何一门学科的理论，都是在应用的基础上产生并发展的。从实践中引出理论知识，不仅方便了与活动课程的衔接，而且还能激发学生的学习兴趣，激发他们的学习动力。

第三，学科的逻辑建构。学科结构具有系统性且逻辑性强。在一门学科的理论知识的建构中，要有系统性和逻辑性，要与学生通常的思维模式相一致，这样才能提升他们的学习效率。

（2）学科课程水平组织原则的提出

第一，理论知识逻辑的框架。理论知识虽可分为若干个主题，但要解决一个综合性问题，必须将各个主题的理论知识进行整合。在横向结构上，应注意各理论知识之间的相互联系。

第二，在实践中对理论知识进行综合运用。为了完成一项工作或一项工程，往往需要将不同的理论知识融合在一起。

3. 技术课程的结构

（1）技术课程垂直组织原则的提出

第一，技术发展的时间序列。对技术进行了概括性的描述，并对该技术的形成过程、发展过程、各阶段所解决的问题等进行了简要的阐述。因为只是简单地介绍一下，所以通常放在教科书引言部分。

第二，技术方法应用的逻辑。任何一种技术手段的产生与发展，都源于使用。

从技术方的应用中引出技术方法，方便了与活动课程的衔接，并激发了学生的学习兴趣，从而激发了他们的学习动力。

（2）技术课程水平组织原则的提出

技术方法逻辑的框架。技术和方法都是为了解决不同问题而出现的。若相互间关系不密切，在水平组织上可以并行安排。将不同技术方法组合可以解决综合性问题。

第三节　当代职业教育的教学过程

一、当代职业教育教学准备阶段

其实，在教学过程中，教学准备就是为教学工作做准备，因此也可以称为备课，备课就是教师课前为完成教学任务而开展的教学活动的准备。备课被划分为狭义备课和广义备课。

"狭义备课"是老师上课前的备课活动，老师通过分析学生的实际情况和学习内容，设计出符合实际的教学目标、教学内容、教学方法和教学过程等，达到上好一堂课的目的。

"广义备课"是指教师要树立终身学习的理念，并持续地学习，持续地丰富和完善自身的知识储备，持续地反思总结教育教学经验，达到上好所有课的目的。

（一）备课的种类

根据备课主体的不同，可划分为个人备课和集体备课。

个人备课是指每个任课教师独自进行的备课工作。优点是不受时间的限制，灵活方便，有利于调动教师的主观能动性。

集体备课，也被称为合作备课、协同备课等，是个人备课的创新形式，是相对于传统的个人备课而言的。集体备课是以教研组、教研室、备课组为单位，同一年级、同一学科的教师们在特定的时间和地点聚集到一块，在个人独立备课的基础上，集体研究课程标准和教材并且把教材同学生的知识水平和认知规律结合起来，通过专业引领、同伴互助、自我反思等方式来分析学情、制定学科教学计划、进行教案设计、制定教法和学法、反思教学实践结果等，进而提升专业素养、促进教师专业发展的一种校本教研活动形式。集体备课以学科教师团队为纽带，强调教师们群策群力、分工合作，强调集思广益、对教学资源的共生共享，从而快速促进教师的专业成长和教育教学工作的高质量开展。

（二）备课的内容

1. 钻研课程

具体内容有：对课程计划、课程标准进行研究，领会课程的基本理念和目标，对教学的基本要求及教学内容与教学材料的体系范围与深度进行把握，研究课本，对课程的基本原理与知识体系进行掌握，准确把握各章节或各单元、各课的重点、难点及前后联系。广览文献，选择适当的素材来丰富课堂内容。

2. 熟悉生产（或工作）过程

这是职业学校教师备课时必须做的一项工作。了解课程所对应的相关职业或岗位的生产环节、工艺流程、技术要求、操作技能、岗位职责，以及机器、设备的构造、性能、维修等，以提升教学的有效性。

3. 了解学生

要全面了解学生的知识基础、认知能力、技能水平、学习态度、思想特点和个性特征，使教学过程符合学生实际认知能力和动手操作能力，增强教学的预见性与针对性。

4. 设计教学方式

首先确定基本的教学方式；其次结合教学内容，分别设计学生的学习方式、教师的教授方式和师生互动方式；最后进行具体的教学设计，包括教学环境、教学方法、教学手段、教学程序，以及教学策略的设计等。

5. 编写教案

教案是教师依据课程标准的要求组织教学过程、完成教学任务、对教材进行教学设计的文字表达形式，是教师备课活动的最终结果。编写教案是将教学大纲、教材、教学内容、学生及教法等因素结合的过程；是课堂教学的总体导向、规划和组织；是教学活动的方案和中介；是开展教学研究、提高教学水平、决定课堂教学质量高低的重要环节。

教师在设计和编写教案时，首先一定要根据教材和学生的实际情况，以理论与实践相结合为原则，强化学生实践操作技能的培养和训练，提高学生的实践能力和自学能力，不能纸上谈兵、照本宣科。因此教师在备课时要充分挖掘教材的内在潜力，使专业知识得以延伸，易于学生理解。职业教育与普通高等教育不同，学生普遍专业基础薄弱，自我约束能力欠佳，但思维活跃，善于接受新鲜事物，敢于表现自我，爱交际，实践能力强，渴望成才。职业教育学校的专业教师要深入了解学生的不同特点，从学生实际情况出发，将理论知识与实践进行结合，用恰到好处的实例和现实生活中的案例来丰富教学内容。

二、当代职业教育教学实施阶段

（一）讲课

讲课是教学过程的中心环节，是教师运用口头语言系统地向学生讲解理论知识的活动，这也是教学活动的基本形式。

讲课的基本要求：一是目标明确；二是内容正确；三是重点突出；四是方法得当；五是组织有序。清晰、准确、简练、生动且富有启发性、条理性的语言，有利于集中和保持学生的注意力，是促进学生不断提升学习兴趣的动因。

（二）作业

作业是学生对课堂中所学知识的理解和巩固，能够锻炼学生的思维能力，反映学生的学习效果。当完成作业过程中遇到问题时，学生会积极主动地进行思考，分析和解决问题。

科学设计符合学生年龄特点和学习规律的基础性作业、分层作业、实践性作业和个性化作业，可以帮助不同学习能力的学生巩固知识、提升能力、培养学习习惯，也能够在一定程度上帮助教师检测教学成果、精准分析学情、改进教学方法。

（三）实习（实训）

实习指的是，学生在教师或工程技术人员的组织和指导下，参加一定的实际工作或生产操作，借此将有关的技术、技能或将知识应用到实践中。实习是将专业知识与生产（工作）实际紧密联系起来的一种教育方式，它是职业教育教学活动中一个重要的实践环节。按照实习的目的、要求以及工作内容，实习可粗略地划分为以下四类。

1. 认识实习

认识实习也称见习，即通过到生产现场进行参观，使学生对工作环境、工作流程和学习内容有所了解，获得感性知识，促进理论联系实际。

2. 教学实习

与专业课程密切联系，以教学为主要内容的实践性教学，可以为学生带来操作技术的基本培训，从而获得对生产（工作）的感性认识，并掌握一定的生产操作技能。与此同时，学生还要接受劳动纪律、安全卫生、环境资源保护等方面的教育。

3. 生产实习（实训）

生产实习（实训）指的是学生直接参加到生产实习的过程中的实践性教学，也就是学生到与其专业相匹配的生产现场，以现职人员的身份展开实践。这可以让学生对工艺要求和生产操作流程有更多的了解，掌握可以直接、迅速顶岗的操作技巧，并逐渐养成良好的职业道德规范和职业行为习惯。

4. 毕业实习（顶岗实习）

毕业实践（顶岗实践）是指在学生毕业之前，对其知识、技能进行全面考察的一种综合实践活动，也就是学生到企业的特定工作岗位上，进行专业的理论学习和技能训练，以企业岗位生产的方式进行实训。毕业实习（顶岗实习）要求学生充分履行其岗位的全部职责，能够独立工作，具有很大的挑战性，对学生的能力锻炼有很大的帮助。

对实习的具体要求：要对实习的目的进行明确，要制定出一份实习计划，要对实习方式进行确定，要将讲解和示范做好，还要对巡回指导进行强化，对实习的结果进行讲评，同时还要对生产安全给予足够的重视。

三、当代职业教育教学评价阶段

（一）学生学习评价

1. 内容

（1）专业技能评价与社会能力、方法能力评价相结合

职业教育强调对学生关键能力或核心能力的培养，主要包括对技术的理解和掌握能力、决策能力、独立解决问题的能力、合作能力等。

（2）学习成果评价与学习过程评价相结合

既要关注学生学到了什么，更要关注学生是如何学到的。要在不断评价和反馈的过程中培养学生正确的学习观，从而实现对不同能力的培养，这有利于实现评价的客观性。

（3）教学过程评价与教学效果评价相结合

对职业教育教学进行评价，就要从教学过程和教学效果两个方面考虑。职业教育教学过程的评价包括课前准备评价、课堂教学评价、实践教学评价、作业布置与批阅评价，以及对学业成绩的考评等。职业教育教学效果评价是对学生学习

质量、学习态度、职业素质等进行的综合评价。

2. 方法

（1）过程式评价

过程式评价是在一个真实的或者模拟真实的环境中，通过让学生完成一项具体的任务，从而对学生的知识、能力水平进行判断的一种考核评价方式。在学生完成一项具体的学习任务过程中，任课教师对学生在学习活动中表现出来的合作精神、参与意识、分析问题的能力、探究能力等方面进行全面评价。它重视对学生整合所学知识的能力、分析问题的能力、合作学习的能力和解决实际问题的能力进行评价。过程性评价重视评价的过程性、公开性、情境性，以及评价标准的多重性。

（2）研讨式评价

把学生在参与课堂讨论中的表现作为学生学业成绩评价的一部分。在师生相互信任与协作的基础上，通过自我评价、同学互评、教师评价，形成师生互动、生生互动的中肯良性交流，使学生树立自信心，虚心接受意见和建议并努力改进，形成积极健康的心态。其具体步骤有：一是明确讨论要达到的目标，以及如何才能真正达到这些目标；二是选定研讨用的文本；三是教师提出问题，师生共同参与讨论，在研讨过程中引发学生对话与思考；四是以设计讨论过程的方式或记录表，通过一系列讨论记录的分析、对比，进而对学生所取得的成绩做出判断。

（3）答辩式评价

主要考查学生的语言表达能力和思辨反应能力，力求做到知识的口语化。它的目的在于锻炼、培养学生的语言表达能力和反应能力。经常采用的课堂提问是单向的，一般只有对不对、完整不完整之分；而答辩式则突出了双向性，即师生的互动与交流，既有答，又有辩，通过答辩，使学生的认识能力和表达能力得到提高。

（二）教师教学评价

对教师的教学评价，主要有两种方式。

一是对教师的教学过程进行评价。教学过程评价主要是对教师应用有关的教学方法与手段进行考察与评价。具体而言，就是要从教学活动的每一个环节来对其进行评价。例如，备课、上课、布置作业等。

二是对教师教学业绩的考核评价。教学业绩考核的内容是针对学生的学习习惯和方法、学业成绩和能力发展等方面进行的。

第四节　当代职业教育的教学方法

一、讲授教学法

（一）讲授教学法的相关定义

讲授一词来源于古拉丁语"Lectare"，最初的意思是"大声朗读"。《现代汉语词典》中将讲授解释为"讲解传授"，即教师运用语言向学生讲解知识，解答疑惑。1987年出版的《教育词典》定义讲授为，学校教育中广泛运用的一种教学方法，其他教学方法的运用，往往要结合讲授教学法，这也是讲授首次以一种教学方法的形式出现在教育学专著中。《教育学》将讲授归纳为，教师通过语言向学生系统连贯地传授知识的教学方法。《教学论》将讲授概括为，教师通过简明、生动的语言向学生系统地传授知识，发展学生智力的教学方法。讲授教学法是教师通过口头语言向学生描绘情境、叙述事实、解释概念、论证原理和阐明规律的教学方法。

讲授式教学法也称传统教学法（Lecture-Based Learning，LBL），是指以教师为主体，系统、准确、全面地讲授理论知识。此法因节省教学资源，教学效率高，从新中国成立初期至今在我国仍广为使用。但在LBL教学中，学生往往被动接受相关知识，依赖心理强，缺乏主观能动性和独立思考问题的过程，实践能力普遍较差，难以保证因材施教，体现最佳教学效果。

（二）讲授教学法的类型及要求

1. 讲述法

讲述法是指教师对知识进行叙述、描述和概述的讲授方法。讲述法作为典型的口述教学法，是指教师围绕教学目标，通过生动形象的口头语言，对所学知识、技能等进行系统的叙述、描述或概述的讲授方法。这一教学方法既适用于向学生传授新的知识，也可以复习学生已有的旧知识。

2. 讲解法

讲解法是一种教学活动，它是一种对科学概念、原理、公式、定理等进行解释、说明和论证的教学方式。它通常应用在数学和科学这类逻辑性很强的科目的教学中。讲解法以解释为主。老师所讲解的每一个概念、原理或公式，必须都是经过验证的,并且是正确的。所以,老师在讲解时,必须确保这些概念、原理或公式的正确性,并且在讲解的过程中,必须有明确的表述,在从现象到本质的论证过程中,要有逻辑严谨的思维。这就需要老师具有高度的概括能力和较高的语言表达能力。

3. 讲读法

讲读法是指将讲、读、写等结合在一起进行教学的一种方式,在课堂上经常会出现边讲边读、边读边写等方式,利用学生的各种感官,激发他们的学习兴趣,集中他们的注意力,提高他们的学习效果。

4. 讲演法

讲演法经常被用在针对一个教学主题的主题演讲的过程中,这是一种老师针对一个教学主题,对这个主题进行较为系统、深入的分析、论证,并在论证的过程中得到一个科学的结论的一种方式。

由于教学知识的复杂性,无法清晰地区分某一时期使用哪一种讲授教学法,因此,大多会将这几种方法混合在一起使用。

(三)讲授教学法的优势

1. 讲授教学法效率较高

讲授教学法能够在最短的时间内将知识有效地传递给大多数学生。由于职业院校的学生普遍文化课欠缺,因此需要教师在备课的过程中对教材上的知识优先进行自己的加工处理,将重难点知识进行消化,这样教师在课堂教学时就可以直接对学生讲授自己消化好的重难点知识,而后通过有效的组织和规划,保障每个学生最有效地获取一手知识。

2. 讲授语言准确,讲授具有艺术性

教师的讲授语言需要有严密的科学性和逻辑性,在讲授教学过程中要做到专业、简要,保证自己讲授的知识是准确的。此外,教师在讲授时语言往往会随着知识点的难易程度而进行相应的变换,这样就在很大程度上赋予了讲授美感,能够在一定程度上吸引职业院校学生的注意力,提高他们的学习兴趣。而且当讲授的内容是教师亲身经历的事时,教师往往会依据自己的经历去补充讲授,这样在很大程度上丰富了教学的内容,也激发了学生的情感共鸣,增强了讲授的艺术性。

3. 讲授教学法面向全体学生

与小组讨论和自主探究等针对特定群体或个体的教学相比，讲授教学法是一种面向全体学生的教学方法。教师在讲授的过程中面对的是全体学生，这样能够保证每个学生都有平等的机会接受教师传递的信息，这样的教学方式可以产生批量生产的效果，能够在短时间内培养大量职业技术人才。

4. 节省教学时间，传递的信息量大

与其他教学方式相比，讲授教学法主要是借助教师的语言去直接向学生传递信息，这样就节省了很多的中间环节，在一定程度上节省了课堂的教学时间。由于语言教学具有迅捷的特点，教师可以在短时间内向学生传递大量的信息。

二、项目教学法

（一）项目教学法的定义

项目教学法是教师使用的一种新型教学方式，教师在整个教学工作中细致分解以及讲解项目，接着将学生分成小组进行讨论，共同解决问题。

项目教学法凭借自身优势将传统课程体系打破，每堂课的课程目标就变成了项目，教师便能够以项目为载体来完成教学工作。教师能够依照各个小组学生的状况，提供针对性的教学。这样的教学模式在很大程度上提高了学生的积极主动性，在教师正确的引导以及帮助下，学生合作学习共同完成项目。

学术界对于项目教学法的具体定义存在不同的看法，在此，我们整理如下。

项目教学法本质上属于独立确定目标，根据项目难度制定项目计划、实施项目并对项目进行评价的教学方法。

项目教学法要以项目任务为中心，重视行动和专题两个关键因素，通过项目任务的完成，来使学生获得知识与技能。

项目教学法教学合一、寓教于做，可以完全调动学生的积极性，由此将学生的实践能力在原有基础上提升。

项目教学法将课程内容与项目内容结合起来，从而让同学能够将有关的知识与实践环境进行有效连接。

总的来说，我们可以将其定义成以项目任务为主线，借助合作和自主探究的学习模式，根据实际情况完成项目任务的一种教学手段或教学模式。教师通过调研、访谈、查阅资料等方式，将项目主体确定下来，并且确定出本次项目计划，创设真实问题情境，将项目任务分配给各小组。

（二）项目教学法的特征

1. 项目为教学的主线

在项目教学中首先由教师确定项目教学内容，学生收集资料后确定项目，随后小组合作完成项目，学生展示项目结果，最后师生共同评估项目，通过项目完成整个教学过程。

项目作为教学的主线，承载着学生对理论知识的运用，同时具备实际的工作情景，在帮助学生理解教学内容的同时，能提高学生的实践能力，实现职业学校理论与实践相结合的教学性质。

项目是教学中重要的一环，选取项目时要注意，一方面要具有现实情景且串联理论知识，使学生可以自觉进入其中，增强学生的学习兴趣；另一方面也要注意项目的难度要适应学生的学习能力，教师要承担项目筛选的工作，这是因为目前大多实际工作项目超出了学生本身的知识范围，难以达成项目教学目的的同时，还会打击学生的积极性。

2. 以学生为主体

在课堂的教学过程中，教师仅作为引导引领的角色出现在课堂中，课堂的主体角色是学生。根据这一课堂特性，教师在教学设计中需要立足于学生当前实际的知识掌握情况、对于事物的认知程度等，结合教学项目的主题内容和教学任务，摒弃传统的填鸭式教学设计，取而代之的是来驱动引导，以此来提升学生的学习兴趣，从根本上提高学生的自主学习能力。

3. 注重教学过程的实践性

项目教学法与传统教学法的一个重要区别在于项目教学法的实践性更强，项目教学法的教学过程中，往往是在实践中穿插理论，而传统教学一般是在理论中穿插实践，所以项目教学更加偏重实践能力的培养，学生往往需要自己搜集资料形成项目方案，参照理论知识与小组成员探讨解决思路，最后得出解决方法。这样的过程既注重了理论知识，又强调了实践能力。

教学项目相当于实际工作情景，而情景性的项目一方面是在帮助学生提高学习兴趣，另一方面是在帮助学生适应工作环境，以专业思维去解决专业问题。

4. 具有跨学科性

对比于传统的教学课程，项目教学法的内容更加广泛，其强调的是学科领域在科学层面之间的相互交叉，力求学生在学习过程中可以系统合理化地运用各个学科的知识。在实际生活中，学生遇到的问题也并不是单一学科的难题，而是结合了多种问题的复杂情况，所以必须要求学生将多方面的知识合理运用，以此来分析解决遇到的问题。

（三）项目教学法的组成部分

项目教学法包括五个基本组成部分，分别是教学内容、教学活动、过程情境、教学成果和结果评价。

1. 教学内容

在项目教学法中，教学内容主要指的是学生学习的主题内容和材料内容。项目教学法立足于学生的实际生活，其包含的不仅仅是书本上的知识，更多的是生活中的知识性问题，生活中的问题因其繁多性而不可把控。项目学习内容具有完整性、跨学科性、以学生为本三个特点。

2. 教学活动

教学法中提到的教学活动，即教师在教学过程中引导学生积极参加课堂活动的研究行为，学生不仅可以自我探究，还可以相互之间借助科技工具。例如，参考互联网文献来进行研究，对于生活中的问题点，更是可以实地考察探究。这种方法下的教学活动具有一定的建构性和挑战性，而且可以和学生的个性巧妙结合。

3. 过程情境

教学法对于学习过程情境的探究主要是指在学习过程中，教师设计营造一个利于学生自我主动钻研学习的氛围，而这也是判断项目教学法是否成功的一个重点。部分学者在研究中提出，项目教学法所研究的过程情境，可以分为两类，真实的学习情境和虚拟的学习氛围，两者的共性是通过环境氛围来引导学生学习。在这种氛围下，不仅学生的主动思考能力、应对问题的能力和主动借助学习技术工具的能力可以得到锻炼，还可以增强团队之间的合作能力和凝聚力。

4. 教学成果

对于项目教学法成果的研究，主要从学生在课堂情境中获取的知识点以及学生综合能力和情感价值观的提升方面进行考察。最终学生在学习过程中收获到的成果可以通过多种形式来呈现。

5. 结果评价

项目教学法的最后一个环节是对学习结果的评价，这一环节是对学习情况的检验，从多个维度、运用多种方式来多样化评价学习成果，可以更加全面地评比学生的学习过程。

在评价环节，可以教师根据课堂情况直接对学生进行评价，也可以在学生之间建立评价机制相互评比，还可以让学生根据自我掌握的情况自我评价。

（四）项目教学法在职业教育教学活动中的实施

通过项目教学法能够让学生在完成项目的过程中全面地提升工作技能，既能掌握知识，又能积累经验，这对于职业教学工作的开展有重大影响。通过项目教学能够更好培养学生的责任感，保障其职业素养进一步提升，有利于今后学员更好地参与工作，并且被社会认可。

1. 确定项目

作为整个项目流程的开始环节，其至关重要。确定项目课题要以职业教育课程标准为立足点，结合日常生活，并且和学生的爱好与学习基础巧妙联系，最后整理出项目任务、项目目标、项目内容、课程要求以及知识模块。职业院校在应用项目教学法的过程中，应该针对项目进行全面的了解，保证项目的教学能够提升学生的理论水平和实践操作能力。

2. 制定项目

在确定项目课题以后，第二阶段教师要按照"组间互质、组内异质"的划分准则，把学生分成多个小组，每组5人左右，尽量涵盖高、中、低三个学习层次的学生，根据学习情况再指定一名小组长。然后，教师根据授课内容拆解划分项目总任务，细化各个模块，使得项目组内的小组成员可以明确本次学习的方向和任务目标，最后整理整合上述内容形成项目计划书，根据情况安排跟进进度。

3. 实施项目

在制订项目总计划以后，下一阶段就是落实计划。作为整个项目计划的关键步骤，教师在教学设计时应该思考的重点是如何能够在课堂上提高学生的积极性和进一步激发学生的学习热情，融洽的学习氛围可以促进师生之间的互动交流，项目小组内的成员也会就同一任务目标加强互动协作，共同探寻所需的资料，并在规定时间内保质保量完成任务。

4. 展示项目

在完成项目任务后，项目小组需要将本组完成的任务向其他组的同学展示出来，教师在这个阶段需要为学生们搭建一个可以相互交流的平台，学生们可以利用不同的方式展示。在学生展示各自作品的时候，教师应该紧抓展示的重点，掌控课堂的秩序，和学生一起认真欣赏各小组的展示成果，可以在展示结束后一起交流优点和不足之处，并且评选出优秀小组，为下一阶段的项目评价提供材料。

5.评价项目

评价项目是指对整个项目进行总体评分，是对项目阶段性的验收和评比，可以通过评比来发现下一阶段的学习中需要改进的部分。评价项目的方式有很多，但是要注意采用多元化的评价方式，评价的主体不仅可以是教师，还可以是学生自己，如果父母对项目学习也参与，可以邀请父母对其进行评价。

多样化的评价不仅可以获取全面的评价成绩，更可以提高学生的参与度，在学生之间的团队协作方面也大有裨益。

三、案例教学法

（一）案例教学法的定义

案例教学法是哈佛大学在19世纪70年代提出的，并在1920年左右的美国法学教育中取得了根本的胜利，现在仍旧是美国法学教育的核心教育方法。

案例教学法经过多年的完善，教学方式发生了根本性的变革，逐步由以教师讲授为主转变为以学生参与为主。对于案例教学法的含义，不同人有不同的观点，在此总结如下。

①案例教学法可以认定为教师通过创造一个具体的教育情境，引领学生对这些现实的情境进行讨论的教学方法。

②案例教学法是一种以教学案例为基本载体，以要求教师引导学生分析案例文本为主要教学结构的一种教学组织形式，以突出学生的主体地位，提高学生的综合能力为首要目标。

③教学有法，教无定法，贵在得法，教学的目的在于让学生在掌握理论知识的基础上，使其综合能力得到提升。教师为实现这一目的，从而不断丰富和发展教学方法。

综合以上学者的观点，可以通过以下两方面对案例教学法进行解读。

第一，案例教学应坚持以教师为本、以学生为中心的教学理念。案例教学法强调的是师生共同参与，教师通过多种方式呈现案例，引导学生积极主动地参与对案例的分析、讨论，调动学生的主动性，使其成为乐于思考、勇于探究的时代新人。

第二，案例教学法是从案例中引出相关的理论，因此案例应作为"引子"，教材应作为"载体"。所选案例应服务于教学内容，并联系学生实际生活，显现学生生活中真实的情境。除此之外，案例教学应该形成开放的视角，进而锻炼学生的逻辑思维能力。

总而言之，案例教学法就是教育者为达到一定的教学目标，选择与教学内容相契合的案例，以师生共同参与为主体，以阐明教学内容、落实学科核心素养、提高教学实效为目的，通过师生交流讨论来共同进步提升的新型教学方式。案例教学法是指教师在掌握了一定的理论知识后，按照教学目标，寻找相关的典型案例，引导学生运用所学知识进行积极的分析和讨论，以提高学生的学习兴趣，保证课堂教学质量。它有别于传统的教学方式，通过改变教师单一输出的教学方式，增强了课堂的交互作用，提高了学生的自主性。因此，案例教学法在教育领域得到了广泛的应用。

（二）案例教学法的特性

1. 客观性

案例教学法中所选取的案例资源，所涉及的数据、信息来源等必须保证准确、客观，不掺杂主观臆断色彩，以客观存在为依托，这是应用案例教学法进行教学活动的首要前提。

同时对于案例资源的挖掘工作，所配套的问题答疑等，一定要在表征的过程中，保持客观性。案例教学法在应用的时候，要建立在相关的本体性知识之上，与本体性的知识相脱离，就会使案例教学法的教学效果的发挥大打折扣。因此，在应用案例教学法时，必须研究好本节课的相关的学校培养目标及相关的课程目标等，必须以本体性知识为依托。因此，案例教学法具有客观性的特点。

2. 启发性

案例教学法充分体现了以教师为主导、以学生为中心的教学过程，教师如何启迪学生、激发学生的主动性至关重要。在理论知识学习过程中，教师运用案例教学法可以实现以案析理，让枯燥无味的理论知识变得生动形象起来。通过呈现贴近学生生活的典型案例引导学生对其中的客观事实进行分析讨论，增强学生的感性认识，实现学生对于理论知识的深入领会和把握，进一步培养学生的理论分析和问题解决能力。

3. 互动性

案例教学法是以特定的教学目标为指导，教师精心选择和呈现案例，引导学生分析和讨论问题，加深学生对于知识的理解。案例教学中师生处于双向互动的关系，教师和学生之间都有了新的角色定位。教师不再是占据领导地位的权威者，而是在教学过程中搭桥铺路、指导学生学习，学生不再是听众，而是教学过程的"主角"，他们可以在宽松和谐的学习氛围中互相合作、共同进步，既能够沟通思想和情感，又能共同解决学习中的疑难问题。

4. 多样性

案例教学法本身的表达形式就需要采用多样化的呈现方式，例如，视频、音乐、图片、数据呈现图表等，可以充分利用现代媒介技术，以 PPT 为中介，将同一案例由不同的方式呈现出来。

一方面，案例教学法多样性特征的具备，可以尽可能地丰富案例资源，扩充课堂教学内容，使学习者能从多个角度、多个层次进行案例资源的解读。

另一方面，案例教学法多样性特征的具备，可以调动学生学习的积极性和主动性，单一形式的案例资源呈现方式，会给学生以冗杂、疲惫的状态，多样性的呈现方式，给予了学生感官上的刺激，提高了学生的课堂注意力，避免了课堂陷入低沉的局面。

5. 探究性

案例教学法与传统教学有所区别，案例教学法并不是提供一个系统的知识体系。案例中的问题往往是"道德两难"的问题，如同学生在现实生活中的真实情境，这就需要学生将所学的理论知识与现实生活结合起来进行探究。

运用案例教学法，学生可以自主探究也可以和小组成员进行交流讨论，从而探索出问题的答案，由于所探究的案例贴近于学生的实际生活，更能够激发学生探究问题的热情，使学生的自主探究、解决问题的能力得到提升。

6. 目的性

案例教学法同样具有较强的目的性。在教育教学中引入的相关案例，无论在选择上还是编写上，都是围绕核心教学任务和教学目标来进行设计的，因此，案例教学法具有较强的目的性。

（三）案例教学法的分类

1. 经典案例教学法

经典案例教学法指以哈佛商学院等为代表的有统一教学规范、明确教学目标及专门案例选择的案例教学法。经典案例教学法的案例教学库以真实事件为背景，经过标准化的案例写作、测试及评审后收录于教学案例资源库中。经典案例教学法要求教师注重教学过程的规范性，要求学生在课前完成充分的自我学习。

2. 项目案例教学法

项目案例教学法以问题为导向，侧重于对现实问题、具体任务提出解决方案。项目案例可为实例，从解决实际问题的角度出发，项目案例教学具有手段和目的的两重性。由于实际问题通常是具体且个性化的，因此案例教学法要求教师具备扎实的行业功底和实践经验。此外，项目案例教学法将占用学生更多的课后时间，这也是解决实际问题的客观要求。

3. 传统案例教学法

传统案例教学法是基于讲授式教学，通过引入、演化、创新等过程形成的案例教学法。传统案例教学法具有灵活多样的特点，更侧重于知识的传递和对课堂教学成效的综合评价。教师的教学案例选择弹性较大，所选案例的时效性、针对性、规范性及一致性给教学过程带来了挑战。

（四）案例教学法的理论基础

1. 建构主义学习理论

建构主义理论自 20 世纪 80 年代中期，在教育领域中形成了重要的影响。建构主义的发展，对于案例教学法在课堂上的运用，起到了积极的效果。首先，建构主义理论的核心强调的是"建构"和"互动"。它与案例教学法所强调的情境建构以及师生之间的互动性相一致。

建构主义理论中的教师观强调，教学活动不是由教师向学生进行传授的单向通道，而是在师生双方的活动中，教师通过提供帮助和支持，引导学生主体从原有的知识经验中"生长"出新的知识经验。

建构主义认为知识不能单独存在于个体之外。虽然我们要传授的书本知识具有语言文字这一统一的外在形式，但在对知识的理解上，每个学习者都通过自己的经验对知识进行建构，它是一个特定情境下的活动过程。建构主义学习观主要包括以下几点。

首先，学习不是教师对学生进行单向的知识传递，而是学生作为主体，主动地对知识进行建构的过程。案例教学中的课前任务、分析问题、解决问题等活动都是由学生积极参与完成的，它把学生由被动的知识接受者转变为学习的主体。

其次，个体的经验及其对经验的解释的不同，导致个体对世界的理解也不同。因此，建构主义重视合作学习，即通过交流合作，学习者可以看到不同的观点，这可以使学习者对知识的理解是全面和丰富的。案例教学中的协作、讨论活动提供了合作的环境，大家可以提出不同的观点，用不同的方式解决问题。这些活动会刺激个体思考，逐步形成科学的知识建构。

最后，人的学习过程分为三个不同的阶段，分别是冲突阶段、建构阶段和应用阶段。案例教学中的问题情境使学生原有的知识与新知识发生认知冲突，进而接收新知识，在问题的分析和解决过程中建构新的知识体系。在讨论交流的过程中，学习者对新知识巩固提高、融会贯通，实现新知识的应用。建构主义学习理论可以说是案例教学最重要的理论支撑，几乎所有有关案例教学实践的文献都将其作为理论基础。

2. 认知心理学理论

布鲁纳是美国著名的认知主义心理学家，他提出了学习的目的是发现学习的观点。学习应该是主动的而不是被动的，从而将学科的基本结构转化为学生的认知结构。学习的本质是一个主动建立的过程，在这个过程中，新知识和旧知识是相互联系的。

这一理论更加注重学生的内在动机的发展，尝试通过探索的精神和态度去发现学习，让学生独立思考掌握知识；也更加注重知识的迁移，使得教学的内容和方法和学生的知识点能够进行衔接且适合学生现有的认知发展水平，学生具有一定的进取精神极易产生一般的相关的知识迁移。

案例教学法往往就是通过对案例的分析、讨论，促进学生科学思维的发展、创造精神的培养。而呈现的案例往往与学生的实际生活有关，是真实的材料，具有一定的生活性、科学性，能够为学生提供一定的学习情境，使其通过主动探究掌握理论知识，因而认知心理学理论为案例教学的发展与实施提供了一定的理论依据。

3. 发现学习理论

发现学习理论也是由美国教育心理学家布鲁纳提出的，布鲁纳认为"儿童教育最主要的手段就是发现"，发现是学生掌握理论知识最好的方式，布鲁纳所提出的发现不仅是对人类尚未知晓事物的探索，也包括亲身投入实践学习知识的过程。发现学习更多指的是教师为学生创造一种学习情境，经过学生自己探索和寻找，从而获得问题答案的一种学习方式。为此，教学不应当将现成的答案提供给学生，而应当让学生自己去分析探究，强调学生在学习过程中的主动认知，让学生将所学知识与自己的认知结构联系起来，使学生成为学习中的发现者。案例教学法在职业院校中运用可以给学生营造良好的教育情境，缩短教学与实际生活之间的差距。选取具有价值引导的社会热点问题，让学生将所学知识与自身已有的认知结构相联系，从而使学生发现新知。在教学过程中，教师以案例为依托营造问题情境，使学生主动参与其中进行探索、分析、讨论，可以发挥学生自身的主观能动性，大胆想象和猜测，进一步激发学生内在的学习动机。

4. 人本主义学习理论

人本主义学习理论，是20世纪70年代在教育领域发展起来的。因此，教师主体设身处地的教育信念显得尤其重要。成功的教学不仅仅在于教师教授给了学生多少知识，而是在于教师让学生把知识个体化，从中能够获得意义。美国社会心理学家亚伯拉罕·马斯洛也提出了最基本的需要层次理论，分为缺失性需要和成长性需要。学生本身拥有生理需要、安全需要、归属与爱的需要、尊重需要、求知需要、美的需要、自我实现的需要。

那么一个学生的归属与爱的需要在学生团体中获得了满足，拥有良好和谐的班级氛围以及积极的课堂氛围，这些隐性影响往往是顺利开展教学活动所不可或缺的。这与案例教学活动中所要关注的方向，构建起积极，而非对抗、消极型的课堂是一致的。这也会影响到教师主体在实施案例教学法时候的连贯性与完整性。

美国心理学家罗杰斯倡导的"自由学习的原则"：第一，人生来就会有学习的潜力；第二，学生只有察觉到所呈现的材料中要学习的内容与自己的目的有关联的时候，意义学习才会发生；第三，涉及改变自我组织的时候，学生自己会评估新的学习内容会不会同化自己原有的图示，差异过大的话，会产生"威胁"的效果，因此应该降低学生对于新问题的联结难度。那么由此可以看出，人本主义所强调的此观点，其实也在案例教学法的考量范围之中，意义学习也是案例教学法所要追求的教学效果。

针对自由学习，人本主义学习理论专家还提出了一些方法：第一，创设真实的情境；第二，同伴教学；第三，分组学习；第四，程序教学。人本主义学习理论指出，学生拥有主动学习的自由，同时还要拥有被动学习的自由，在问题选取上，要贴合学生自身，让他们觉得问题与他们相关联。这与职业教育教学中案例教学法所强调的时代性、客观性等观点相一致。

（五）案例教学法在职业教育教学活动中的实施原则

1. 明确目标、突出主体的原则

案例教学的总体目标是提高学生分析问题、解决问题的能力。这也是职业教育学生需要提升的一个重要能力。对于一个具体的案例来讲，实施主体在搜集、采纳、编撰时做到心中有数，能够突出或强化想要表达的主旨。主旨自身都不明确和预设性不够的话，必然无法使"学习者"深入理解，导致学生的交流工作也流于"琐碎"或"细致末节",从而失去案例真正的意义。

2. 筛选细节、信息适度的原则

教师在应用案例教学法时,容易产生不能清晰地表达自己的观点,案例的陈述缺乏一定的逻辑性与关联度,提供的案例信息庞杂等现象。产生上述现象的主要原因在于,教师没有做好案例信息的细节筛选工作,要么提供的案例细节信息过多,要么提供的案例细节信息过少。

案例的实施主体应该处理好案例中所叙述的关键问题,站在案例学习者角度,来思考需要提供哪些信息。教学案例要实用并适合职业院校培养高技能型人才的特点。作为教师要随时随地到公司企业去搜集案例信息,定期组织学生到企业去实习,专业课教师更要不断更新知识、提高自身素质,传授实用性强且适合职业院校学生的典型实操案例,实现德以修身,技以立业的职业教育教学理念。

3. 激励参与、注意反思的原则

高度的参与度是保证案例教学法取得成功的关键标志之一。因此,只有学生积极参与,呈现全员参与的课堂,才是一个鲜活的课堂,才能使得每个人沐浴在案例教学法的潜移默化的效能之中。而在案例教学法中,学生的参与度是其他教学方式所无法比肩的。

受我国传统文化特色的影响,例如,尊师重道,教师占据主导位置,学生一时间会接受不了自身角色的转变。教师应该根据学生不同的特点,结合该学生的背景知识,激励全体学员参与到课堂的讨论中来。教师在案例教学法进行完授课以后,有条件的情况下,和其他教师形成学习小组,指出课堂教学法应用中存在的问题,在其他教师的带领下,结合自身的反思,抓住案例教学法应用过程中的要点,思考哪些是成功的可以继续沿用的地方,哪些是需要改进的地方。

第五节　当代职业教育的教学模式

一、翻转课堂教学模式

(一)翻转课堂教学模式的起源和发展

1. 国外翻转课堂教学模式的起源和发展

翻转课堂教学模式是 21 世纪对教育实践产生巨大影响的一种教学模式。"翻转课堂"的概念与实践模型分别由莫琳·拉赫（Maureen Lage）等和韦斯利·贝克（Wesley Baker）在2000年正式提出。同年美国迈阿密大学讲授经济学入门课程的莫里·拉吉（Maureen Lage）和格兰（Glenn）采用的教学形式与"翻转课堂"基本相似，他们所采用的教学方式为，课堂外让学生利用万维网和多媒体观看讲解视频，家庭作业则以小组的形式在课堂上完成。

2007年美国科罗拉多州"林地公园"的老师乔纳森·伯尔曼（Jon Bergmann）和亚伦·萨姆斯（Aaron Sams）为了使一些因客观原因不能及时到校的学生不耽误学习进度，决定将授课内容录制成视频发给学生，让学生自学教学内容，学校的课堂教学主要用来帮助学生答疑解惑。发现教学效果比预想中的好，学生不仅能利用教学视频自行掌握学习进度，也能借此复习所学知识，一举两得。

孟加拉裔美国人萨尔曼·可汗（Salman Khan）希望向全球提供免费的一流教育，在2008年创立了教育性非营利组织——可汗学院，它为翻转课堂教学模式的发展奠定了基础。可汗学院由某一学科的教学视频逐步发展到"应用微视频和相应的一整套新型组织管理模式，改变传统课程教学体系"，成为最有影响力的课程形态之一，甚至被比尔·盖茨赞誉为"未来教育的发展方向"。

美国加州洛斯拉图斯等很多学区自2011年来纷纷实施新的教学模式，《华尔街日报》《纽约时报》等媒体均对翻转课堂进行了正面报道，《环球邮报》也给予了"翻转课堂"肯定的评价，认为其是课程教学的重大技术变革。20世纪提出"翻转课堂"的概念，但是19世纪西点军校的教学方式与"翻转课堂"的教学理念有着异曲同工之处。西点军校的上校西尔维纳斯·萨耶尔（Sylvanus Thayer）要求学生通过教师发放的资料完成课前学习，课上通过批判性思考和小组间协作解决问题。

哈佛大学教授埃里克·马祖尔（Eric Mazur）在20世纪90年代初创立了PI（Peer Instruction）教学法，他认为教学可分为知识的传递和知识的内化两个部分。"PI（Peer Instruction）教学法""基于问题的学习""案例教学""及时教学法"等教学方法均强调以学生为中心，具备翻转课堂的本质特征，所以将这些教学方法统称为"第一代翻转课堂"，而课前以通过自学教学视频为主，课堂以完成作业为主的"翻转课堂"教学统称为"第二代翻转课堂"。

2. 国内翻转课堂教学模式的起源和发展

早在20世纪70年代末我国出现的"先学后教"的教学方式便与"翻转课堂"的教学理念相似。教学理论研究会理事长邱学华为培养学生的自主、探索、创新意识，倡导了以"先练后讲，先试后导"为核心的"尝试教学法"实验，从而"先学后教"被作为一个独立的概念被提出来，而后经由江苏省洋思中学、东庐中学以及山东省杜郎口中学的实践后被大家熟知。

翻转课堂教学模式兴起后，受到我国教育工作者的广泛关注。例如，重庆市聚奎中学自 2011 年秋开始实施翻转课堂教学模式。重庆市聚奎中学为给学生创设个性化学习的条件，给学生发放平板电脑，通过搭建的视频和学习管理平台进行学习。2014 年，北京大学教授汪琼专门在中国大学 MOOC 网站开设了网络课程——"翻转课堂教学法"。全国各地各级各类学校关于翻转课堂的学术研究与教学实践也是高潮迭起。

（二）翻转课堂教学模式的定义

翻转课堂译自 Flipped Classroom 或 Inverted Classroom，也可译为"颠倒课堂"，是指重新调整课堂内外的时间，将学习的决定权从教师转移给学生。在这种教学模式下，课堂内的宝贵时间将留给学生，他们能够更专注于基于项目的学习，从而获得更深层次的理解。教师不再过多占用课堂的时间来讲授新知识，学生需要在课前完成自主学习，他们可以提前下载教师上传的教学资源，看视频和 PPT，还能在网络上与别的同学讨论，能在任何时候去查阅需要的材料。教师也能有更多的时间与每个学生交流。在课后，学生自主规划学习内容、学习节奏和呈现知识的方式，教师则采用讲授法和协作法来满足学生的需要和促进他们的个性化学习。在翻转课堂中，教师可支配的时间较多，无形中有益于与学生之间的交流，能充分了解到每一位学生的特点和学习状态，避免因传统大堂授课导致个别学生受到忽略。在课后，学生可以自主规划学习内容，老师采用讲授法和协作法来满足学生的学习需求，促进学生进行个性化学习，应用翻转课堂教学模式的主要目的就是让学生通过自主时间来进行深层次的学习，取得更加真实的学习成果。

（三）翻转课堂教学模式的基本形式及本质特征

1. 课堂教学的形式及本质特征

"翻转课堂"教学模式的教学本质是"教师通过传媒技术支持，实现直接学习从大群体学习空间向个人学习空间的转移"。在传统教学中，学生需要经历课前预习、课堂教师讲解和课后复习三个阶段，在课前预习阶段，学生在课前自主通过课本、教材全解等资料来预习陈述性知识，学生获取的大多数是信息传递性的知识内容，但即使学生没有完成预习任务，借助教师在课堂上的详细、重复的讲述，学生仍然能跟上教学进度，课后通过家庭作业等方式内化所学知识。

翻转课堂教学中学生至少需要经历课前自主学习和课堂内化知识两个阶段。翻转课堂将传统教学中陈述性知识的学习转换成学生课前自学，即学生通过观看教师录制的教学视频、制作的导学案或其他教学资料完成陈述性知识的自主学习；而传统教学中的程序性知识的学习转换成课堂师生共同学习，课堂上教师不再详细讲解每部分内容，而是针对学生课前学习遇到的难以理解的抽象概念、疑难问题等通过学习汇报、组间研讨、师生共同探讨、测评等多种形式完成程序性知识的理解和内化。因此，学生在课前必须积极主动、认真地完成课前的自学内容，不然可能跟不上教学进度。教学就是针对教学内容设立相应的教学目标，由浅入深地将知识传递给学生，学生完成对知识的理解与应用。

与传统教学相比翻转课堂的教学形式更为科学，更利于培养学生的能力。这是由于翻转课堂教学让学生在课前就经历对信息的分析与综合，结合已有知识对事物本质做出分析与判断，而课中的交流讨论，让学生经历不断矫正，进而形成更为精准的知识结构，思维能力获得了进一步提升。

2.学生学习的形式及本质特征

翻转课堂教学让学生由教学的客体转变为教学的主体，由被动的知识接受者转变为主动的知识学习者。在传统课堂中学生跟随教师的讲授完成浅表学习，对于知识更深层次的理解依赖于课后的自主练习与应用。在翻转课堂教学中，浅表学习的目标由学生课前通过教学视频、导学案等学习资料自主学习达成，对于知识更深刻的理解与应用则由学生与教师在课堂共同讨论完成。

由此可见，与传统的教学方式相比较，翻转课堂更注重对学生的交流能力和合作能力的培养，对提高学生的批判性思考能力、解决复杂问题的能力和增强创造性有很大的帮助。以学生为中心，这是翻转课堂与传统教学的根本不同之处，也正是学生的积极、主动、自主学习，才使翻转课堂获得了较好的教学效果。翻转课堂的教学方式的改变，促进了学生的学习方式的改变。下面是翻转课堂中的几种主要的学习方式。

（1）自主学习

自主学习是一种将心智技能转变成学业技巧而进行的自我管理的过程，即学习者主动地对自身的思想、情感、行为及环境做出适当调适和整合。自主学习主要应用于学生在翻转课堂的课前学习中，课前的学习全依赖于学生的自觉性，学生需要积极主动地根据已有的学习资料，认真地完成学习的内容，找到学习内容中的疑惑，从而保证能跟上课堂教学进度。

（2）合作学习

在翻转课堂教学中学生在课前的自主学习中会遇到疑惑、问题，在课堂上可以通过与学生、老师的讨论、互动得到解决，这与同伴教学法有异曲同工之处。及时教学就是一种通过"基于网络学习任务"和"以学生的自主性学习为主的课堂教学"之间的互补与互动进行教与学的形式。

教师可以利用及时教学法获得学生的学习情况反馈并给予学生及时的帮助。因此翻转课堂教学中生生合作、师生合作离不开同伴教学法和及时教学法，联合使用两种教学法可以及时了解学生的疑惑并给予帮助，优化教学效果，学生也可通过这种合作学习的方式提升能力。

（3）基于问题的学习

基于问题的学习是以设定问题的形式，让学生通过相互协作解决问题，获得知识的学习方法。这种学习方式可以应用在翻转课堂教学的课前和课堂的任何一部分教学中。在课前的学习中，教师可以在教学视频或导学案等教学资料中设置逐步深入的问题，引导学生逐步学习某一知识点；或者在课堂教学中，教师可以通过提出一个个问题，让学生逐一解决，从而完成对知识更深刻的理解。

3.教师教学的形式及本质特征

（1）教师角色的转变

翻转课堂教学模式强调先学后教，先学是指学生在上课前借由教师提供的导学案、微课视频、检测材料等自主地学习知识。后教是指在课堂教学中，教师组织学生对课前学习的内容进行深度剖析，引发学生思考，解答学生在自学过程中遇到的疑惑。翻转课堂教学模式要求教师退居幕后，从原来一讲到底转变为引导和鼓励学生积极地学习。因此，在翻转课堂教学中，教师不再是传统课堂中的主导者、讲授者而是学生学习的导学者、助学者、促学者及评学者。

（2）教学准备的转变

翻转课堂教学模式的课前教学目的在于让学生完成浅表学习，即学生通过教学视频、导学案等自学资源完成课前学习任务，并将学习情况及时反馈给教师。由于课前学习需要实现学生自主的有意义的学习，合理创设学习情境，提供多样化的学习素材是必须考虑的，目的是为学生自主学习做好知识的准备，同时也能激发学生的学习兴趣。

制作短视频、导学案等学习材料前应从课程内容和性质出发确定学习的目标，了解学生现有的知识储备情况后选取适合的教学方法、教学策略，从而选取恰当的素材唤醒学生的感性认识，为学生搭建脚手架，引导学生逐步完成自学任务。例如，教学方法可选用基于问题的学习。即利用层层递进的问题逐步引导学生以由易到难、由简到繁的顺序完成学习的阶段性目标直至完成终极目标，实现学生的自主建构。学生完成深度学习目标是翻转课堂内化阶段的目的所在，即课堂着重于释疑，帮助学生建立知识结构，将所学知识内化。这一过程主要采取生生间、师生间合作交流的方式。课前教师需利用现代信息技术手段与学生互动，了解学生的自学情况，即哪些教学目标已达成，哪些教学目标未达成，哪里存在疑惑、问题，从而确定课堂小组讨论、班级交流及师生互动过程的教学目标，并设计相应的教学活动，为学生搭建脚手架，创设合理的学习平台。

由于学生在互动过程中学情是随时变化的，因此教师应准备多个教学活动方案以适应课堂内学生不断变化的需求。课堂教学中教师可以采用同伴教学法和及时教学法，让学生先在组内进行交流讨论，解决部分学生的个别问题，教师在巡视过程中适时启发帮助学生。然后在班级内进行组间的交流，解决共性的问题，对于学生不能自主解决的问题则由教师为学生搭建脚手架，帮助学生循序渐进地解决问题。

（四）翻转课堂教学模式在职业教育教学活动中的应用

1. 课堂设计阶段

为保障翻转课堂在职业院校中的顺利开展，就必须从设计环节着手。运用该模式进行课堂教学设计，可以使教学设计工作灵活高效地推进。设计教学课件时，教师必须有效把握教材内容，做好知识点的归纳总结，精心筛选恰当的学习资源。职业院校的教学要想得到顺利地展开，需要确保视频教学内容对学生的适用性，如学生不能借助视频内容提升自己对学习概念、重难点的理解，或者干脆无法引起学生的自学兴趣，则后面的课堂交流讨论将无从开展。

2. 课堂教学阶段

完成课前教学课件和视频的设计工作后，可结合学生的实际情况灵活划分学习小组，通过小组间的相互学习、相互探讨，加深对视频、课件中知识的理解和把握。引导学生结合具体的专业内容展开积极探讨，在小组合作探讨中解决视频中不理解的知识点。最后，引导学生结合学习的知识完成随堂测试。

3. 课后复习阶段

翻转课堂教学模式在课后复习阶段的应用是最后环节。教师和学生一起创建专业知识共享空间，将课堂上的知识和教学资源上传至共享空间，引导学生在共享空间内积极交流、互动，加深其对课堂学习内容的理解和把握，实现知识点的有效记忆及巩固，同时促进师生之间的沟通交流。

二、PBL教学模式

（一）PBL教学模式的定义

PBL教学模式是指在教学过程中创设真实的问题情境，然后让学生在课堂中进行讨论、分析问题情境并在小组中进行交流，对所收集到的信息进行整理分析，最终得到解决问题的方法。

在教学活动中，PBL教学是将教材中的知识内容放到现实生活中，学生对问题进行界定后，进行分析、收集信息、分析问题直至最后解决问题的过程，属于自主学习的教学模式，能够培养学生的问题意识、解决问题的能力及合作学习的能力，也能使学生的批判性思维得到发展。

PBL教学模式是一种以解决问题为核心，以学生为中心的教学模式。学生在解决问题过程中以小组合作、自主学习为主要学习形式，进而不断提高能力。在课堂上，教师需要营造一个真实的、错综复杂的问题情境，以引起学生对问题的浓厚兴趣，再由学生主动分析并提出所要解决的关键问题，在教师指导下，将复杂的问题、难以解决的问题分解成若干个容易解决的小问题，以此提高学生学习的积极性。通过小组合作学习对之前分解得到的小问题进行分析并收集相关资料，利用所学知识对问题进行归纳和总结，确定最终解决问题的方法并进行小组交流，最后使用评价方法进行评价与反思。

PBL教学模式可以培养学生的自主学习能力、知识建构能力、合作学习能力、解决问题能力以及创新能力。通过不同学者对于PBL教学模式的认识观点，发现有三点相同之处：以问题为基础开展教学；在教学过程中注重问题情境；旨在在教学中培养学生的各种能力。

综上所述，可以将PBL教学定义为一种教学模式，PBL教学模式的三要素分别为问题情境、学生及教师。

问题情境是PBL教学模式的核心部分，也是PBL教学模式实施的先决条件。强调将学生置于一个特定的问题环境中，使其能从多方面发掘问题的实质，因此问题情境是学生研究解决问题最初的动机。

第二个基本要素是学生。在PBL教学模式中，学生是整个课堂教学活动的主体，问题服务于每个学生，学生通过解决问题并完成教学目标的要求。在PBL

教学模式中，教师给予一个真实的问题情境后，学生通过查找相应的信息进行小组讨论、分析问题及反思来获取新知识。

PBL教学模式的第三个要素是教师，教师在实施PBL教学时，应把学生作为教学活动的主体，而教师是教学活动中的引导者，也是教学活动的设计者。在教学开展之前，教师需要做好备课工作，需要选择和设计好问题，对教学资源也要准备充分。在教学中，教师应把大部分时间交给学生，让学生自己收集信息，然后进行讨论交流，在此过程中，教师不要过多干涉。

（二）PBL教学模式的应用原则

1. 强调学生主体性原则

PBL教学模式强调学生在教学中处于主体地位，从最初发现问题、找到解决问题的办法，一直到最终解决问题，都把学生放在了主体位置上，老师是教学中的引导者，要将学生智力因素和非智力因素的驱动作用发挥出来，让学生在教学中获得发展。

在评价环节也要将学生放在主体地位，使学生能够进行客观的自我认识和反思，了解自身的学习效果，教师需要为学生提供一个良好的学习氛围。

2. 灵活性原则

物理探究过程，有着一些较基本的环节，例如，提出问题—猜想与假设—设计实验与制定计划—进行实验与收集证据—分析与论证—交流与合作—评估与反思，但是这个过程并不是死板的，不需要去刻板地进行每一个步骤，需要灵活运用，学会变通。

建构主义理论提出，情境是意义建构的基本条件，需要创设真实的问题情境，主动建构意义，且促进学生全面发展。

3. 团结协作原则

PBL教学模式主要通过交流合作的方式解决问题，在PBL教学当中，需要解决的问题是结构不良的、复杂的，凭学生一人很难完成，这就需要学生之间通过团结协作的方式，一起解决问题。可以让学生分析所要解决的问题，将大问题分解成一个个小问题，学习小组通过合作学习的方式解决掉每个小问题，解决完之后向班级的同学及老师汇报自己小组的实验情况，从而解决最开始教师提出的初始问题。整个过程都需要采用团结协作的方式完成，学生在获取知识的同时，培养了合作能力，对自身全面发展也起到了促进作用。

（三）PBL 教学模式在职业教育教学活动中的应用

PBL 教学模式主要通过学生合作学习达到解决问题的目的，因此首先需要在教学开展之前创建学习小组。其次为呈现问题情境，学生通过情境发现所要解决的问题。将提出问题、猜想与假设和制定计划和实验放到学生自主学习环节当中，交流合作环节分为两个部分，首先为小组内合作交流，然后将小组内的实验成果在班级中进行展示并相互交流，班级展示过后，教师对于学生的实验成果进行总结，最后由学生进行反思与评价。

1. 教学准备阶段

教师团队制定课程教学目标及考核标准，针对课程重点章节选取学生需要掌握的重点知识，为问题的设置提供理论基础，合理安排教学进度和课时分配；结合企业实践确定课程教学知识、能力及素质目标；确定考核标准，考核标准以过程为导向，设立可量化的评价标准。最后根据学生的特点进行分组教学，进行企业真实情景模拟，从实践教学中锻炼学生的操作能力。

教师在教学准备阶段通过学习通、云课堂、QQ 群等多样化的手段发布预习通知，发布预习案例问题，学生通过自己预习寻找案例解决措施，上传自己的预习成果，教师追踪学习成果，针对学生的预习结果及时更新教学内容，及时调整线下授课内容，掌握学生的学习难点。

2. 创建学习小组

在上课之前，教师需要充分了解每个学生的情况，然后根据每个学生的不同情况进行分组。可以根据学生的学习成绩、性格和性别等不同的角度进行分析，做到取长补短。因为职业院校的学生相对于其他高等院校的学生来说大多动手能力较强，但学习基础薄弱，以致对文化课的学习兴趣一般。因此，根据孩子情况，创建与之相对应的学习小组有利于学生的发展。

3. 呈现问题情境

教师需要在教学开始之前就将问题情境和教学内容及目标设置好，并在教学时完整地呈现给学生。由于职业院校的学生毕业后大多数都进入各种企业和公司进行操作工作，因此，在设置问题情境时要充分考虑问题应来自现实生活，以此激发学生的学习兴趣。提出的问题需要在学生的认知范围内，不能超出学生的能力范围。

4. 学生自主学习

在教师呈现出问题情境之后，学生发现其中的问题并提出，从而对问题进行猜想与假设，并根据猜想的内容设计实验，学生需要记录所收集到的资料供小组之间进行交流分享。

在这一过程中，让学生真正参与进来，自主探究，培养学生的提出问题能力、猜想与假设能力以及设计实验与制定方案能力。因此，在教学中教师应该尽可能地避免提示，让学生充分想象，从最开始发现问题并提出问题开始，让学生自主学习并进行科学的探究。

5. 交流合作

交流合作环节主要分为两个小环节，分别为小组内各个成员进行交流、各个小组在班级进行成果展示并交流。小组之间的交流合作，就是在上一环节自学学习之后，学生将自己的成果进行相互交流，最后选出一个最佳的方案进行实验，将这些现象和数据进行记录，最后通过分析数据，验证自己的猜想与假设。

在班级展示就是将小组通过实验得到的成果在班级进行汇报与展示。学生将自己在各个环节中的工作成果进行总结汇报，而不仅仅是提出一个解决问题的方案，学生之间还可以通过互相提问解答来进行交流。通过这一环节，可以培养学生在实验时的动手能力，在实验中收集实验数据的能力，也可以培养学生交流与合作的能力，增强学生之间的交流意识。

6. 教师总结

通过上一环节，小组之间在班级进行展示过后，教师需要对各个小组所报告的实验结果进行评价与总结，从而能保证完成教学目标。需要总结的内容主要有以下几方面：实验得到的结论，学生在实验过程中产生的问题和对知识点进行整理与分析、归纳和总结。

7. 反思评价

教师需要让学生回顾之前所做的实验，思考哪些部分没有完成，做得不够好，有没有"真正"参加整个教学过程，教师可以根据教学实践、学习小组的成果展示、反思报告等方法对学生进行评价，观察学生通过教学，是否有进步、能力是否有所提高等等，通过评价的结果对教学模式不断进行改进与完善。

三、5E 教学模式

（一）5E 教学模式定义

"5E"教学模式最早起源于美国科学课程改善研究（Science Curriculum Improvement Study，SCIS）研发出的"学习环"，1989 年美国生物科学课程研究（Biological Sciences Curriculum Study）项目对"学习环"进行修改和完善，将教学过程划分为如今紧密相连的五个阶段。"5E"教学模式在元素化合物教学中，对学生获取新知及培养学生交流、探究和创新能力等方面具有独特的作用和价值。

在"5E"教学模式下，教师引领学生在真实的问题情境中从宏微结合和变化守恒的视角，运用证据推理和模型认知的思维方式，完成一系列学习任务和活动，使学生在掌握化学知识的同时，也形成了化学学科观念与学科思维。

参与环节是5E教学模式的起始环节，或称为吸引环节。该环节需要建立新旧知识间的相关性，通过创设情景激发学生的学习兴趣，形成认知冲突。

探究环节需要教师巧妙利用认知冲突设计实验、小组合作探究等活动，让学生自主尝试解决问题、发现新知。教师承担的是引导者的角色，提供必备的实验材料、背景知识，必要时提示学生明确探究目的，避免盲目探究或者探究流于形式。

解释环节重点关注探究结果的呈现以及帮助学生解疑释惑，教师要尽可能给予学生充分展示自己探究成果的机会，鼓励学生表达交流，最后教师做出系统的总结。

精制环节或称为迁移环节，重点在于学生在教师提供的类似情境中，运用所学解决实际问题，扩充知识的外延，在巩固练习的过程中查缺补漏，也可以给予教师教学效果的反馈，以便调整下一步的教学。

评价环节主要是检验学生的知识掌握情况以及教师的教学质量，评价并不局限于课堂的结尾，而是应适当地贯穿在整个教学过程中。

（二）5E教学模式的设计原则

1. 问题引入原则

在5E教学模式中，吸引环节是起点，也是关键点，旨在激发学生已有的知识和经验，在已有知识的基础上构建新内容。同时，在吸引的环节中还应关注学生的注意力。这就要求在具体的教学中，教师应科学、合理地设计问题，使学生产生认知冲突，产生主动探究的欲望。

2. 创新型原则

在5E教学模式中，教师应明确"课堂教学并非固定不变的"，而应遵循灵活多变的原则，结合不同的教学内容，选择不同的教学手段。尤其是当前职业教育教学中关于5E教学模式的研究比较少，教师在开展课堂教学时面临着没有可借鉴成果的现状。鉴于此，教师必须广泛搜集资料，充分利用教学资源，充分发挥自身的主观能动性，创新课堂教学过程，优化课堂教学设计。

3. 全面评价型原则

课堂评价是教学的重要组成。对于教师来说具备极强的反馈性，是教师调整教学方案的重要参考。对于学生来说，教学评价则具备极强的激励性，是引领学生实现全面、长远发展的关键。因此，在设计5E教学模式时，不仅要优化和完善当前的教学评价，促进过程和终结评价相融合、自我评价和个人评价相结合等，同时还应将其融入每一个教学环节中，旨在借助教学评价提升课堂教学效果。

（三）5E教学模式在职业教育教学活动中的应用

1. 引入环节：激发兴趣

通过对课程内容的把握，并根据学生的特征，对其进行学情分析。在教学中，要结合职业院校的教学特征，选取一些与工作密切相关、贴近学生生活的真实情境或事例进行教学。在这个过程中，老师可以记录下学生出现的问题和有疑问的知识点，以便后续有针对性地指导和探究。

2. 探究环节：拓展深度

在5E教学模式中，以探究为核心，在导入的过程中，针对出现的知识冲突，指导学生进行探索。在探索的过程中，学生才是学习的主体，而教师仅仅是指导者和协助者的角色。

3. 解释环节：理解内化

在5E教学模式的课堂教学中，讲解是一个非常重要的环节，在这个过程中，老师要注重对学生的启发和指导。教师利用多媒体呈现思考性问题，学生在情境中模拟解答有关知识，然后在答案的基础上，进行多方面的总结。这样，在整个讲解过程中，学生能够完成知识的转化，使职业教育的教学情境更接近于日后的实际工作，促进其职业思维的发展，提升职业教育模式的针对性和有效性。

4. 评价环节：多元评价

在职业教育教学过程中，要建立科学的教学质量观，要充分发挥评估的教育性和指导性作用，要加强评估育人作用。在5E教学模式中，教学评价的环节不再只限于教师的片面评价，而扩展到教师的评价、学生的自我评价和学生之间的相互评价，使教师的评价方法更加多样化和科学化。

第五章　当代职业教育教学组织设计

教学组织设计是教师教育和教师研修不可或缺的话题。教学组织设计作为指导职业教育教学活动开展的框架与思路，既体现了教师对课程标准的解读，亦体现了教师在教学方法与技巧层面的经验思考。教学组织设计是教师开展教学活动所需具备的基本功。为了改善教学质量，需不断学习和反思，掌握教学组织设计方法与技巧，形成具有自身教学特点且被学生认可的教学组织设计思路。本章分为当代职业教育教学的组织、当代职业教育教学的设计两部分。

第一节　当代职业教育教学的组织

一、当代职业教育技能教学的组织

（一）定向阶段的教学组织

技能的定向阶段包括两个方面，一是操作活动的结构要素及其关系，即有哪些要素构成某一操作活动，各动作要素间的关系和顺序如何；二是活动的方式。

在职业教育技能教学的组织中，定向阶段是很重要的，虽然时间短，但是在技能教学组织中具有非常关键的作用。因此，不应忽视该环节在技能形成过程中的作用。因为一旦定向出现了偏差，改正起来会十分困难。因此，技能定向阶段的教学组织，一般采用个体或者小组教学的组织形式。在借助于录像、动画或者图片等教学媒体的帮助下，也可采用班级教学的组织形式。

（二）模仿阶段的教学组织

职业教育主要是对各种技能进行教学，在前一阶段已经确定了学生的技能方向，这一阶段就需要学生模仿教师的技能操作行为，对操作行为进行模仿，也就是对某一种特定的动作方式或行为模式进行真实的再现，其本质就是将大脑中所形成的定向映像以实际动作表现出来。需要注意的是，在模仿阶段，教师一定要对学生的学习过程严格要求，不能只是模仿大概，贪图速度，而出现一些偏差，一定要注意定向阶段所确立的操作规范。

所以，在进行模仿阶段的教学时，要着重注意不能让学生的模仿操作脱离老师的视线，在教学组织方面，通常采取的是小组教学的组织方式，在关键技巧方面，甚至采取个体教学的组织方式。

（三）整合阶段的教学组织

所谓"整合"，就是在"模拟"阶段，将"学习"到的"定向"的动作要素进行"综合"，从而形成"定型的"和"一体化"的动作。

在整合的过程中，一方面，操作的水平得到了提升，学生整体操作的结构变得更加合理、协调，从而达到了对技能操作的初步概括；另一方面，个人对技能操作的有效控制也在逐渐加强。所以，在职业教育技能教学的组织中，整合阶段是由模拟阶段向熟练的过渡。所以，在整合阶段中，将会有一个标准化的运作过程。因此，在整合阶段的教学组织中，也不应该使用班级教学组织形式，但是也没有必要使用个体的教学组织形式，因此，可以选择小组的教学组织形式。在整合阶段，教师主要关注每个人操作的连续性和规范性。

（四）熟练阶段的教学组织

操作的熟练化是操作技术的最终形态，它是通过对操作行为模式的归纳和体系化而实现的。

熟练期阶段耗时最久，当然，也是最难的，学生在此过程中往往会丧失自信。一般来说，学习者的成长历程可划分为四个阶段：初级学习期、基础能力形成期、瓶颈期（再培训期）、专业能力成长期。

在初级阶段，个体差异并不明显。但在基础能力的发展阶段，学生的发展程度有差异，但在一段时间内，学生将会到达类似的"速度瓶颈"。

"瓶颈期"（重新培训阶段）是一个平衡点，同时也是学生对技能培训的乏味阶段，更是检验学员和实习教练训练方法和教学方法科学性的重要阶段。

职业能力的发展阶段，就是每一位学员在不断的积累中，不断地发展自己的技术。在这一阶段，因为学生的技术已经非常标准化，所以不一定要去关注每个人的每一个动作，而只是要去关注学生整体的熟练程度，也是为了让学生的学习产生竞争的课堂气氛，因此，主要是以大班为主的组织方式。

二、当代职业教育任务教学的组织

（一）任务描述阶段的教学组织

任务描述是对典型任务的描述，目的是让学生了解任务的背景、内容、要求。这里的要求包括时间、成本、安全等。为了让学生对将要完成的任务掌握的信息一致，这里教师可以采用班级教学组织形式。

（二）任务分析阶段的教学组织

任务分析阶段是完成一项任务所需能力形成的第一个环节。这个环节对于培养学习者接受任务后，形成分析的习惯、分析的思路以及严谨态度，都是十分重要的。

任务分析阶段，需要根据给出的任务描述，通过分析明确以下几个问题。

①这是一项怎样的工作？
②研究的中心问题是什么？
③这一任务有哪些特定的条件？
④如何符合本题的要求？
⑤有什么样的经历？
⑥所需的支助/协助是什么？

计划制订是根据任务分析的结果，做出完成任务的实施计划。在计划中要明确以下问题。

①如何在工作中整理思路，使自己显得更称职？
②按何种顺序排列每一步的工作是合理的？
③在工作中会碰到什么困难？
④在实现该工作时，所需的材料、工具、机械设备等有哪些？
⑤在什么阶段进行的工作必须进行测试？
⑥检验依据什么原则和方法？
⑦就评估工作提出几点意见。

任务分析指的是把学生作为主要对象，运用多种信息途径，获取相关的资料，并与课本中所讲的内容相联系，对完成任务的途径、方法、成本和时间等问题进行分析。

为了培养学生的创新能力，学生可以根据自己可能获得的条件，选择各种不同的工具和手段，形成完成任务的方案，为了培养学生独立分析问题、解决问题的能力，在任务分析阶段，可以采用学生个别教学的组织形式。

（三）完成任务阶段的教学组织

完成任务阶段指的是学生在制定好计划之后，根据需要，一步一步地去实施，并在每一个实施步骤中，最终培养出学生独立地完成任务的能力。重点在于训练学生的方法运用、工具使用能力以及严谨的工作态度。

（四）学习评价阶段的教学组织

学习评估分为工作评估和学习评估两部分。从工作结果和专业素质两个层面来分析。职业能力主要包括：分析工作任务、制定工作计划、执行工作计划和评估工作能力。

学习评估主要有两种方式：一是学生之间的相互评估，二是教师对学生的学习评估。课堂教学的组织方式有两种，一种是小组的，另一种是班级的。对于学生之间的评价，可以采取小组评估的方式来进行，这样就能节约时间。

三、当代职业教育岗位教学的组织

岗位教学，一般称为岗位实训。它是学生系统了解企业生产过程、理解企业生产制度、把握职业岗位职责、理解企业劳动制度、熟悉设备的功能与性能、掌握设备操作规程的有效手段。其过程一般包括明确岗位实训目标、系统理解职业岗位、履行岗位职责、形成良好职业习惯。

（一）"工作岛"教学组织形式

在一个企业里，选取几个具有代表性的工作，由师傅、教师和学生组成一个工作团队来完成该工作。这就是"工作岛"式的职教工作模式。在此基础上，以师傅为主导，以师生为助手，共同完成作业；教师在师傅的协助下，能顺利地完成自己的教学工作；学生在工作中进行学习。

"工作岛"入学的条件：学员已经完成了技能学习、任务学习、课题学习，并具有了上岗学习的条件。

（二）"影子岗"教学组织形式

在企业中，挑选典型岗位的优秀工作人员，将学生安排到优秀工作人员身边，像他们的影子一样，通过协助做他们每天做的事情，学习他们的优秀职业特质。"影子岗"是培养高级技能型人才的一种十分有效的教学组织形式。

（三）"学徒制"教学组织形式

学员在学校登记为学校的学员，在公司登记为企业的学员。企业在进行正常的生产工作的同时,要安排师傅来指导自己的弟子,这样的组织形式,在一定程度上来说也是对企业的人才进行必要的储备。

(四)"工业中心"教学组织形式

工业中心、实训车间、教学工厂等,都是通过建设一些车间,形成一些典型的工作岗位,并集中到一起,形成巨大的岗位教学资源的。学生根据自己的时间安排和需要,经教授自己课程的教师同意后,到工业中心领取工装、工具、材料和必要的安全装备,到岗位自行进行训练。

第二节 当代职业教育教学的设计

一、当代职业教育教学设计步骤

(一)确定教学目标

一般说来,"目标"是指事物所应具有的性质,即其应该达到的最佳状态,而"教育目标"是指通过教学达到这个最佳的状态。教学目标确定初始,首先要弄清楚事物的理想状况,并且要弄清楚那些目标能否被教学所实现。举例来说,假如每个成年人都能达到最少小学六年级的阅读水平,这个目标就可以被称为教育目标;假如每个成年人都能享受到适当的医疗服务,这个目标就不能被视为教育目标,因为这个目标不是通过教学达到的。

(二)进行需要分析

在确定了教学目标后,设计师还必须进行"需要分析"(Need Analysis),需要即需求,也就是学校应该按照相应的需求去进行后续的教学设计,例如,每个阶段的学生应该学习什么内容,他们对这个内容的掌握程度应该如何,这都需要学校进行相应的分析。

(三)进行教学分析

教学设计人员从事的教学分析旨在确定,为达到某一课程规定的总体目的,学生应当具备哪些从属的技能或子技能。在这一方面,他们经常采纳的有以下3种分析手段:"任务归类"(Task Classification)、"信息加工分析"(Information-Processing Analysis)和"学习任务分析"(Learning-Task Analysis)。

任务归类即任务分类,其目的是根据五种学习成果(智力技能、认知策略、言语信息、动作技能和态度），对学生的期望学习成果进行分类，从而使学生从一开始就意识到，应该为这些学习成果创造最佳的学习环境。

信息加工分析的目的是揭示一个已经拥有一项复杂技能的人，他在实施这一技能时会采用什么样的思维方式，通过进行分析，设计者可以对这个技能所包含的内部思维方式做出推断，使人们对其中含有的必教技能做出判断。

学习任务分析则旨在对已确定的必教技能再做出其从属技能的分解，这种分析技术有可能使设计人员形成教学课程图。在教学设计中，设计人员有时需要使用上述所有的分析手段，有时则仅需要使用其中的某些分析手段。

（四）制订作业目标

在对一门课程的一个单元进行教学设计时，通常都是从期望要达成的目标入手，但是现在的某些教学模式设计者，则主张将课程或课程单元的目标，转换成一个可以充分详细地反映学生是否达成目标的作业标准，即教学设计者不满足于只提"学生要学什么"，而把注意力集中在"在学完后学生能做些什么"上。

实现这种由一般的目的向更加具体的作业目标的转换主要有三方面的理由。

①任务目的：使学生能更好地与不同的人进行沟通。有些人（如父母）对教学目标比对其具体内容更感兴趣；但是在其他方面（如老师和学生），他们更希望有一个详细的、客观的作业目标，因为老师能够从中知道并确定应该教会学生做什么，而学生也能够从中知道自己应该学会做什么。

②将老师的教学内容和活动转换成学生的成果或取得的能力，这样可协助教学工作者针对不同的行为能力，设计出行之有效的教学情境。

③作业目标可以对所设定的目的有无达成做出客观评估和判断。

（五）开发教学策略

在这一阶段，教学模式设计者将教学策略的开发作为一个课题，其意义在于，在这一阶段，教师和设计人员应该重点考虑，如何为学生提供合适的外在条件，以帮助他们实现不同的预先设定的作业目标，从而支撑他们的学习的内在加工过程，所以，教学策略的规划，自然而然地就成了教学设计中的一个重要环节。

以学习的信息加工模型为基础，教学模式的设计者们已经提出了一系列被广泛认可的、支持学生内部加工的教学事件，例如，引导注意、告知学生作业目标、呈现刺激材料、提供反馈等。这些活动可以是老师们自己创造的，也可以是用教科书和教育媒介来展示的。此项教学活动可应用于各个学习成果的范畴，但其执行的内容与细节，则因不同的学习成果而异。

（六）进行评定

1. 形成性评定

形成性评价是指通过多种方法、渠道收集学生在学习过程中的信息，以便于分析教学活动中存在的问题。

形成性评价贯穿教学活动的全过程，注重在每个教学环节的教学活动中建立有效反馈，进而全面掌握学生学习情况。

形成性评价是对学生学习过程的全面评价，依据的不仅是学生在学习过程中的表现、阶段成绩，还涉及学生在学习过程中所表现的情感、态度和策略，它的突出特点是将学生放在中心位置，以学生能力培养为主导，为学生自我认识、自我发展创造契机。

形成性评价也是对教师教学过程的全面反馈，通过对学生学习过程的观察、记录、总结来及时有效地掌握教学情况，用以反思教学中存在的问题，及时调整教学的内容、手段、方法，以保证教学目标顺利达成。

2. 总结性评定

总结性考评通常是在已经通过了形成性考评之后，才会展开的，这个时候，所建立的课程或体系已经不需要再进行部分的改动，而且已经被推广到了现场，或者已经有了很多年的试用经验，它的目标就是要对整个设计的体系进行评估。若设计者想要将这种设计的系统扩展到整个国家，则这时的总结性评估还需要对在相同条件下的各个地区的效果进行评估。

二、当代职业教育教学方案的设计

（一）教学方案制定的依据

1. 党的教育方针

在教育方面，尤其是在职业教育方面，一定要全面贯彻党和政府的教育方针。改革开放后，党中央和国家高度关注教育，尤其是职业教育，出台了一系列的法律法规。《中华人民共和国职业教育法》《中国教育改革和发展纲要》《国务院关于大力发展职业技术教育的决定》《面向21世纪教育振兴和行动计划》以及《中国经济社会发展纲要》等，都对我国经济社会发展提出了更高的要求，并提出了相应的建议。这些法律、法规、文件都是我国发展职业教育的纲领性文件，在制订教学计划时，一定要对其进行仔细的研究、理解，并将其应用于教学计划中。

2.借鉴同行的先进经验

在进行专业教育的过程中,应积极学习和摸索,尤其是对类似学校进行专业教育的有益探索。常言道,"借力打力""他山之石,可以攻玉"。我们在制订教学计划时,可以参考国外,尤其是同类院校在课程设置上的成功实践和经验。当然,所谓"参考",并不是说完全复制,也不是说将所有的东西都拼凑在一起,而是要将有益的东西都吸取过来,为自己所用。

这样,我们在通往成功的路上,就会少走弯路。那么,要想做到这一点,在制订教学计划以前,应该采用召开会议、实地考察、文献检索等各种方式,尽量收集到与同类院校有关的信息。

(二)教学方案制定的基本原则

1.要顺应科技发展趋势,反映科技前沿成果

现代科技的高度融合与高度差异化,导致了不同学科在专业构建过程中的地位与功能的改变。这就要求教学必须与科学技术的发展需求相适应,与科学技术的发展方向相适应。

对教育内容进行综合改革,构建新的教育模式。职业院校的教学内容与课程体系是职业技术人才培养的重要组成部分,是人才培养质量提升的核心。要想让一所学校一直保持旺盛的生命力,就应该在技术进步对学科发展的冲击下,及时地对学科进行调整,如对其进行删减、合并、融合、增加等,以适当的方式体现出一门学科在专业建设中的地位和功能,从而让这门课程的设置更加符合实际。要进行课程内容的更新,就必须对科学技术的发展做出反应。

如今的科学技术创新正处在一个历史活跃时期。一方面,它体现在不断涌现出的新观点、新学说、新技术、新成果上,仅仅就某一学科领域而言,便可以称得上是浩如烟海。另一方面,科技更新的周期变得越来越短,怎样才能让学生在有限课程时间里获取到足够多的有用的信息,从而得到一种系统的科学的方法的培训,并让他们拥有一种实用的职业操作技巧,这是各个层次的学校都在努力解决的问题。

目前,职业院校的专业设置有一定的问题,由于专业定位过于狭窄,毕业生对专业的适应性较差。因此,未来应该致力于培养具有较宽的基础、较广泛的专业知识、较高的综合素质以及较强的适应性的复合型人才。

2.适应人才市场的需求,注重人才培养的综合素质

课程设置和多种形式的社会实践是培养学生综合素质的重要途径。未来的社会和专业对人才的需求是多维的和立体的。要满足这种需要,就必须适当地开设相应学科,以实现学生知识与智力的合理配比。

第六章　当代职业教育教学管理

当代职业教育教学管理是教育管理体系的重要组成部分，职业教育管理不仅能引导教育管理体系的改革，也是对教育治理理论研究的深化和创新，职业教育教学管理可以规范相关各主体的权利和行为，维护职业教育作为准公共物品的公共利益，促进教育权力运行的制度化、规范化和效率最大化。政府、职业院校、企业和社会等主体的系统性、整体性、协同性是教育治理现代化体系的方向。本章分为当代职业教育教学管理机制、当代职业教育教学管理原则、当代职业教育教学管理内容三部分。

第一节　当代职业教育教学管理机制

当代职业教育教学管理是指为了实现职业教育人才培养的目的，结合教育发展规律，有意识地统筹、协调和利用教育系统内外的各方面资源，让职业教育工作保持稳定、健康、有序发展的过程。其宗旨是在一个地域范围内，由政府教育行政部门通过运用制度、人事、经费、资源、信息等多种手段和举措，对职业教育发展实施管理，以保障职业教育优质高效地完成人才培养任务。

职业教育管理的主要特点：一是社会性。职业教育的学校布局、师资规模、专业设置、教学模式等方面的确定，必须紧紧围绕并适应地方经济社会发展的需求，同时也必须在政府主管部门、行业企业以及社会各方面的通力配合下，才能实现有效管理、科学发展。二是地方性。举办职业教育首要目的是培养大量的技术技能人才，服务地方经济社会发展，因此职业教育管理也具有浓浓的地方色彩和特点，在我国不同地域其发展水平和管理办法不尽相同，必须结合地方实际，因地制宜。三是服务性。党的宗旨是为人民服务，政府的建设目标亦是打造服务型政府，职业教育管理的重要内容就是增强服务意识，帮助职业学校、培训机构解决发展中遇到的难题，实现更好发展。

一、当代职业教育教学管理机制的发展过程

1949年至1957年：基本形成阶段。我国的高度集权式计划经济体制始于国民经济恢复时期。此时职业教育还是以"谁是干部谁办学校"为原则进行管理，中专学校（不包括中等师范学校）由中央业务部门直接办学并管理，中央教育及劳动部门间接管理。

1958年至1965年：调整、发展阶段。毛泽东在1956年通过《论十大关系》明确了中央、地方关系，他不赞成苏联式的高度集中管理体制，认为其对地方的管理过于严格，应该学习资本主义国家经验。而职业教育管理机制也在中共八大以后开始形成，并在一定程度上下放了相关权力。到了1958年，中央通过高中等技校的职教权力下放政策文件的出台来确保职校的创办和发展可以由地方政府决定。地方也可自主决定或者各地协商决定高中等职业学校的建立。同时还通过教育工作指示让中央业务部门直接管理的学校交由所属企业来管理，要求地方快速促进教育事业的发展。1964年实施两种教育、劳动制度，这让农村职校和半工半读学校获得了极大的发展，这类院校归市县教育部门直接管理，这也导致了我国职业教育管理主体被分散了，多头管理、条块分散的格局也是从此时开始形成的。

1966年至1976年：瘫痪、调整阶段。这期间，我国职业教育整个管理机制面临复杂局面。1973年颁布了对职业教育恢复及管理体制改革、运行的政策文件，即《国务院批转国家计委和国务院科教组关于中等专业学校、技工学校办学中几个问题的意见》。其中就要求地方党委集中领导地方中专学校、技工学校的创办，地方革命委员会的相关业务部门全权负责学校的所有管理工作。隶属中央部门和企事业单位的中专学校、技工学校的管理机制必须与之相适应。这种管理机制从计划经济时代开始就显得很分散，但也提出了职业教育的统一发展运行机制。

1977年至1990年：受当时国内大环境的影响，我国的职业教育管理机制几近崩溃，没有如期进行和当时的经济体制、行政管理体制相匹配的改革，却先集中恢复以往的管理机制。但此时职业教育也有了一定发展，那就是部门间的管理更协调、统一，分工协作也更明确了。我国1983年颁布了职业教育的发展政策，即所谓《关于改革城市中等教育结构、发展职业教育的意见》。该意见要求地方政府需集中领导各部门进行责权分明的协作。教育部在成立职业教育机构的同时还要联合计委、劳动人事部对职业教育进行规划，会同有关部门制订专业目录，对职业教育政策与相关规章制度等进行制订。财政部门主要联合别的责任部门划拨职业教育经费。1985年我国在教育体制改革中要求地方办好中职教育，中央

部门办这些学校时地方应全面配合。

20世纪90年代到21世纪初：发展阶段。我国在1991年的职业教育发展政策的制定中要求全国各级政府都需要明确分工，做好职业教育的发展工作。职业教育总方针由国家教委负责制订，全面、科学安排职业教育发展，促进各部门做好职业教育工作，对职业教育改革进行集中指导。我国逐步建立起了基于市场发展的由国家集中领导、地方分级管理的职业教育管理机制。我国为了进一步改革职业教育管理制度，不断颁布政策方针，让职业教育管理机制改革有了具体的思路。1993年，国家要求地方政府需在中央政策方针范围内对中职教育进行统筹管理。市级以下的政府应该在社会经济规划中纳入教育事业，对各类教育进行分级、统筹管理，使之符合社会经济发展形势。次年，国务院又通过教育改革发展纲要的制订要求做好中职及中职以下职业教育、成人教育管理机制改革。职业教育和成人教育必须由中央、地方两级教育行政部门全面统筹管理。省市级政府必须确保本地区的职业教育工作有序开展，做好协调安排、监督评估工作。行政管理体制改革逐渐变成全面而综合的改革。职业教育管理和经济发展密切相关，因而也得到了更好的发展机会。

二、当代职业教育教学管理机制存在的问题

（一）未能充分发挥政府职能

在党和国家高度重视和大力发展职业教育的新时代历史背景下，公共基础设施和公共服务方面的投入仍显不足，且职业院校的自主权较小，社会各界仍然对职业教育存在偏见。上述问题的存在，制约了职业教育的发展。职业教育发展现状及存在的问题，导致其人才培养无法满足社会对高技能人才的需要，无法真正为社会经济的快速发展做出应有的贡献。而政府在职业教育发展的进程中，也未能将其职能充分发挥出来，还存在缺位、错位、越位的情况。

一是部分地方政府在我国职业教育的发展中存在越位行为。政府越位主要指的是我国部分地方政府以行政手段过度干预职业教育的管理，导致职业院校在内部日常教育教学工作中缺乏自主权，受到政府的强制性管辖，即政府在职业教育发展进程中管得过多过细，未能从宏观层面为职业教育发展进行统筹规划，却过多地参与到职业教育学校的微观管理中，仍然以管理型政府的形象参与职业教育的管控。

二是部分地方政府在促进职业教育的发展中在某些方面存在政府行为的缺位。政府行为的缺位，是指地方政府在对职业教育的管理中没有严格履行职业教育应尽的各项义务和职责。简而言之，政府部门未能建立完善的职业教育监督管

控体制，也未能在监管职业教育的过程中，充分履行政府应尽职责，甚至在部分管理领域中出现政府缺席的情况，造成原本应该管理的地方没有管理或者管理不到位。

三是部分地方政府在职业教育的发展中存在政府行为错位。政府行为的错位，是指政府在职业教育管理中的行为不符合国家和社会的期望和要求，政府管理失当，偏离工作职能。

（二）职业教育配套服务缺失

1. 没有创建现代化的国家职教系统

首先，我国目前以分数为标准的"职普分流"和"不唯分数"的教育理想自相矛盾，给社会带来焦虑，导致很多学生对职业教育产生了更大的偏见。其次，中等职业教育升入高等职业教育，本科教育之间的阶梯没有完全打通，大部分中职学生毕业后难以获得升学机会。最后，尽管目前有一些城市实行了中高职衔接的五年制大专，学生毕业后可以取得大专文凭，但是由于其高职课程体系设置与中职相似，也使得一些五年制大专专业的设置流于形式，招生依旧没有吸引力。

2. 有效的校企合作平台尚未完成

完备的合作体系为确保顺利开展校企合作的基本前提。目前，因为我国职业教育的校企合作起步较晚，缺乏完善的运行保障机制，一些政府虽然表面上非常支持中职学校的校企合作，但是在财力、人力上并没有给予实际支持，不利于校企合作的健康发展。

3. 职业教育师资力量十分薄弱

目前职业教育教师队伍学历达标率低于普通教育，职称以及年龄结构也不合理，导致职业教育缺乏学科带头人。还有一些专业教师从文化课教师改行而来，缺少专业实践经验，"双师型"教师也是流于形式，不利于职业教育的长远发展

（三）职业教育体系建设不完善

第一，认证"资格证学分"以及学历学位证的问题。当下职业资格认证证书以及学位学习证书系统不能做到良好衔接。职教学生没有办法直接获得资格证，并且针对社会工作者、职工的鉴定职业证书、参与职业培训、互认全日制学历学分制度目前存在诸多问题。

第二，高等教育、中职教育、基础教育彼此衔接的问题。知名学者黄炎培认为个体职业和才能匹配和不匹配的区别产生的效果差异非常明显，利用经济眼光

进行分析，倘若才能、职业有较高的匹配度，进而能有效提升工作效率，对公司产生更多贡献；如果二者的匹配程度低，则会限制员工的发挥。对于员工个人来说，如果匹配程度高会产生更多的乐趣，如果匹配程度低则会产生更多的消极情绪。现如今，当地所开展的基础教育和职业教育衔接方面存在问题，很多学生到职校学习之后反映无法适应，职业教育的学习环境、课程体系和设施设备都与学生之前接触的不同。基础教育阶段学生所接触的职业教育思想和要素非常少，专业和职业对学生的吸引力比较弱，而且缺少内在驱动力。学生在成长阶段逐渐产生内在驱动力，在少儿阶段容易快速形成，在之后的阶段发展相对稳定，如果青年阶段个体依然没有形成内在驱动力的话那么在今后的发展阶段中很难再产生。其因素和个体的自我认知、评价、期望之间存在着非常密切的联系，对于个体发展来说非常重要。当地职业院校的生源很多都是无法达到普高招收标准的学生，而这些学生是在迫不得已的情况下才接受中职教育的。很多学生在进入职业院校学习时，对专业和职业比较陌生，所以缺少职业规划，在这种情况下自然无法养成内在驱动力。中等职业教育的主要教学目标是为社会培养掌握初级生产和管理技能的人才，而高职院校的办学目的是为社会培养高级技术人才，但是许多高职院校在实施教学时缺少明确的人才培养目标，许多普高生把高职院校当成了提升学习的必要渠道，潜移默化中就导致中职学生越发激烈地竞争。

（四）教材和教学方法有待更新

1. 教材课程内容落后

目前，职业教育课程的教材内容滞后，无疑给教师的教学和学生的学习带来了极大的不便。主要问题有以下几点。一是教材内容参差不齐；二是教材的专业主题不清楚；三是教材的知识已过时；四是教科书不切实际；五是缺乏为教科书提供的材料。目前，各职业学校的教材都被强调，理论知识缺乏适用性，因此，学生在完成本课程时，只了解一些理论术语，而当他们真正想做的时候，却不知道怎么办，无法做到理论联系实际。

2. 教学设计与人才培养方案和当前企业的用人要求不一致

在教学设计方面，教师在进行课程的教学设计时，主要采用的是两种办法，其一就是直接使用教材后面的附带的教案作为教学设计，其二则是本门课程的教师自己动手制作教学设计，由于教学设计制作比较费精力和时间，少部分任课教师会重复利用自己设计的教案，并且在新学期依然使用几年前的课程教学设计。这些方法忽略了知识发展是有规律的，同时也没有注意到知识需要不断更新的前沿性质。另外，教师在设计课程教学计划时，主要参考材料是教科书，其设计基于教科书的知识点。如果不紧密结合专业人才培训计划，就很难弄清课程知识的重点和难点，并且很难写出很优秀的课程教案。由于在教学过程中教授的知识和技能都缺乏系统性，不能把关键的知识点连接成系统性的知识面，学生很难在脑海中构建完整的知识体系。

3. 教学方法单一

笔者发现，很多老师在进行教学时，都会使用到多媒体，但他们大多将知识从书本转移到PPT，也就是将学生的注意力直接从黑板转移到PPT上。同时，也有小部分老师，自己不做PPT，直接拿教科书内包含的PPT课件进行课堂教学，这样做，表面上看的确是节省了时间，但学生的积极性并未得到很好的激励，教师们利用了先进的教学手段，但是并没有对于教学这一块起到很好的作用。在教学过程中，单一地利用某种教学方法会让学生在课堂听讲时缺乏动力，并且很难在他们的脑海中构建一个完整的知识体系，这也就不利于学生在实践中很快地搜索相关知识内容。

（五）办学模式方面政校企融合不到位

根据新公共管理理论，职业教育属于准公共物品，其投入方式不应只以政府投入为主。然而，职业教育的办学模式主要还是以公办教育为主，校企合作的深度和广度差距明显，是导致产教融合度不高、技术创新能力不强、就地就业不畅的重要原因。

第一，校企合作办学的相关制度规定不明确，由于国家法律层面没有具体规定校企合作方面的内容，只做出了原则性、方向性的规定，缺少针对性和可操作性。因此在执行层面，各校企合作单位发布的规定很多，但是效力层次很低，内容同质化现象严重，导致职业教育校企合作缺乏法律依据和保障，主要依赖企业的自觉贡献意识和校企之间的人情往来，缺乏科学、专门、有效的管理机制、监督方式和惩罚手段。比如，国家促进科技进步的税收法规优惠更多以结果为导向，在相关税收优惠上只能作用于企业，无法使校企合作项目获得优惠，导致校企合作促进技术创新的效果不理想。

第二，政府的督导、协调作用发挥得不够，目前企业和职业院校由政府不同职能部门管理，其监管机制、运行模式和利益取向都不相同。政府履行统筹协调、居中谋划的职能不到位，教育主管部门和企业主管部门处于双向隔离或者是点对点的低层次合作状态，双方缺少一个常设的沟通机制和有效的沟通方式，导致双方的合作还是处于浅层次，没有大量的人力、物力以及财力支持，研究解决实际问题缺少关键渠道。

第三，企业参与校企合作的主动性和积极性不强。一是企业发展的本质是追求最高的经济回报，出于对运营成本的考虑，校企合作被一些企业视作负担，导致很多企业对校企合作的长远作用存在短视现象，参与校企合作的意愿不强。二是劳动力市场仍是买方市场，企业更多把校企合作的实习生当成廉价的劳动力，只愿无偿使用而不愿投入精力培养。三是职业学校毕业生的能力素质与企业需求的差距较大，缺少实习保障制度，从而影响了企业的积极性。四是校企双方责、权、利划分不清，如学习课程哪一部分需要学校制定，哪一部分需要企业制定；课业考核学校和企业各占多少；对于突发事件，学校和企业责任划分不明确，这些问题直接影响校企合作。

第四，职业学校自身条件限制了校企合作的深化。一是学校自身的主动性不强，大部分职业院校联系企业的积极性、主动性不强，消极等待企业主动合作和政府搭建平台的占大多数，更多注重学校的管理、教学，很少深入企业进行市场调研。二是大部分职业学校在校企合作方面还只是照搬一些现有理论和简单经验，对政策体系、保障体系、运行体系、实习管理制度以及"双师型"教师培养等问题有待进一步研究。三是职业学校对校企合作的管理比较薄弱，虽然大多成立了相关组织机构，但是大部分学校仅仅是成立了校企合作指导委员会，项目实施、评价管理、岗位实习等管理机构和制度仍有欠缺。

三、当代职业教育教学管理机制的改善路径

（一）发挥政府的激励与监督作用

一方面，政府制定了很多激励措施，但宣传力度不够，没有真正起到激励作用。而且，企业本身缺乏社会公民意识，据调查，企业总担心自己辛辛苦苦培养的人才流失了，说不定还成了竞争对手，但是，市场只有有竞争，才能不断创新，企业才能更强。因此，以前的管理型政府需要转变观念，要成为服务型政府，为学校和企业做好宣传服务。政府既然制定了激励措施，那就让这些措施真正起到激励作用，而不是只停留在政策文本上。另一方面，政府就像包办的父母，总不放心自己的孩子，事必躬亲。校企合作，顾名思义，就是学校和企业相互合作，学校培养人才，为企业所用，而企业是否愿意用学校所培养的人才，那得看人才的培养质量。而政府其实是不需要过多干预的，政府只需要做好引导者和监督者的角色。就像男女拍拖一样，他们自由恋爱，而家长没必要过多干预一样，因为

他们之间感情的好与坏，只能靠他们自己经营，家长只需要偶尔给些建议，引导并监督他们即可。

（二）发挥学校的主体作用

对于专业设置，政府会根据当地产业结构及经济发展状况来制定专业设置方案，而学校则只是执行，尽管政府也规定，只要达到师资、设备、场地、经费等方面的要求，学校也可以自主设置专业，但学校过于依赖政府，就像孩子依赖包办的父母，久而久之，也失去了积极探索的精神。同样，教师队伍中并没有退出机制，很多教师安于现状，一直在同一岗位工作，久而久之，也难免会出现职业倦怠，缺乏创新的热情。因此，针对以上问题，学校的领导或教师都可以通过转岗、轮岗、培养或进修等制度来提高工作的积极性，提高竞争意识，不断创新，从而不断完善师资队伍建设，充分发挥学校的主体作用。

（三）处理政府、学校和社会三者之间的关系

政府、学校和社会这三者之间的角色比较混乱，它们之间的权责不清晰。政府既是政策制定者，也是政策监督者，既是裁判者，也是运动员，这有失公平公正。学校是政策执行者，很少有自主权。而社会也没有发挥好监督与评价的作用。按照共生理论来分析，政府、学校和社会这三者之间是共生的关系，是相互依存、相互依赖的共同体。因此，根据治理理论，它们之间应该相互协调各自的利益，努力构建合作式伙伴关系。

（四）理性看待教学管理模式

不管是自上而下的线性管理模式，还是政府、学校和社会共同管理的三角形管理模式，它们都强调组织的共同目标，很少关注组织成员的个人目标及个人需求，而人是组织的中心，没有人，何来组织？每个人的价值观不同，看待问题的思维方式不一样，对于组织的目标理解也是不一样的。事实上组织的目标只是校长的期望，其他组织成员也有自己的抱负，他们会把自己的价值观带到工作中，每个人的观点都是独有的，在管理过程中，要关注组织中的个体成员的价值观和抱负。由于政府、学校和社会共同治理模式强调三者之间的平等作用，沟通协调决策时间较长，在现实生活中不容易实现，因此，在兼顾三者利益的情况下，强调各组织成员的需求，进行由下往上的管理模式。例如，学校要注重学生的现实需要，关注学生的个人发展，要以满足学生的发展需要为目标进行管理，而不像现在，只是为了管理的方便而不顾及学生的真实需求。此外，政府要改变职能，

由管理型政府转变为服务型政府，满足人们的需求，真正做到服务学校和社会。而社会（行业企业）也要严格执行监督的职责，为促进整个社会的发展尽到应尽的责任。没有一个教育管理理论是全面而完美的，因为教育是复杂多变的。管理模式是在借鉴了大量的其他学科领域理论的基础上建立起来的，然而，由于它是在实践过程中总结出来的，具有环境依赖性特征，因此，不能简单评价一种模式的"好"与"坏"，只能在特定时间和空间说明这种模式是否合适，很难找到一个放之四海而皆准的标准方法。

（五）强化思想重视，加强行政统筹

通过整合社会各界的力量，广泛运用政治、经济、行政、法律等方法手段，提高政府的治理能力，提升政府的管理水平和公共服务水平，从而实现公共福利与公共利益。职业教育作为公共事业的一种，政府相关部门应当坚持推进社会整体协调发展、增进社会公共利益实现的目标导向，把加强职业教育发展管理作为重要任务，切实承担主体责任，充分发挥调节和控制职能，推动职业教育管理的科学化、精细化、高效化。

1. 做好地方政策方面的顶层设计

（1）完善政策"保障网"

地方政策对职业教育的发展意义重大。建议强化政策指导作用，一方面根据国家、省级文件精神，对现有地方政策体系的某些政策条款进行更新优化，以适应经济社会的发展变化。另一方面，要结合地方产业发展实际，创新思路，担当作为，强化政策供给，在强化专项经费投入、引导企业参与办学、鼓励学校开拓进取等方面予以政策保障。在师资培养、产教融合、财政投入上为职业教育发展明确方向和路径，解放学校的思想，为其提供政策保障。

（2）纳入地区"总规划"

《国家职业教育改革实施方案》开篇第一句话就做出了一个非常重要的新论断——职业教育是"类型"教育，而不是"层次"教育，与普通教育具有同等重要的地位。同时，职业教育发展是一个系统性的工作，需要统筹考虑、系统谋划。市及各县区政府应当将职业教育规划纳入经济社会发展规划大盘子，将其作为支撑经济社会发展的重要力量来看待，紧紧抓住国家新基建、新技术、新材料、新装备、新产品、新业态"六新"蓬勃发展给职业教育带来的发展机遇，推动职业教育获得变革性、突破性发展。公共组织实现目标并取得良好效果的关键是协调，建议成立职业教育改革发展领导组，更新完善职业教育联席会议制度，涵盖教育、

人社、文旅、卫生、发改等多个部门，加强对职业教育的统筹、协调和管理，定期召开座谈会议，研判职业教育发展的形势，协商解决遇到的问题，形成有效合力。

（3）保障经费"钱袋子"

政府部门应充分了解到职业教育的特殊性和不可或缺性，统筹普通教育和职业教育协调发展，针对职业教育教学特性，合理调整教育资金投入比例。一是加大对职业教育的投入，把职业院校基础建设所需经费纳入财政预算。建立以政府投入为主体，行业、企业和社会资金广泛参与的投入机制。加大财政投入，优先支持办学特色明显、成绩优异的职业院校实施高水平职业院校建设和品牌专业特色专业建设等。二是制定促进校企合作的财政、金融、税收等激励政策，提高行业、企业投资职业教育、参与职业教育办学的主动性。三是改革职业培训收支政策，使公办职业学校举办的非学历培训取得的收入归学校所有，从而激发职业学校通过培训创收改善办学条件的主动性。

2. 强化各个部门之间的统筹联动

（1）明确部门职责

市、县（区）人民政府是推动职业教育发展的主体。公共管理理论指出，公共管理的基础是公共权力，这是协调社会资源的保障。各级政府要加强领导和统筹，做好各级发改、教育、人社、经信、科技、财政、税务、国资、审计等部门的协调联动，充分发挥职能作用，形成合力，推动职业教育协同发展。发改部门要对纳入本地"十四五"规划的职业院校新建、扩建等项目给予重点支持，对产品研发、技术改造等项目中涉及职业院校参与的，按照参与程度不同予以优先支持。行业主管部门要积极主动会同教育部门和人社部门，对行业产业技术技能人才的需求变化做出及时、科学、准确的预测。财政、税务部门要全面汇总国家、省级层面出台的，关于企业在参与职业教育办学等方面享受税收优惠的相关政策，同时结合地方实际，制定具体详细的措施办法并落到实处。

（2）提高执行能力

首先进一步强化地方政府对职业教育发展的组织领导。充分发挥各级职业教育联席会议制度作用，加强各部门的沟通协调，明确各部门专职联系人，建立定期协商会谈机制，及时推动解决遇到的问题，提高工作效率。其次是提高教育部门相关管理人员的业务水平。要通过制度化、长效化、专业化的"线上+线下"业务能力培训，持续提升在职在岗人员的专业技术技能水平。同时，从优质高等院校、大型企业大力引进一批专业化人才，为区域职业教育的发展问诊把脉、提出意见。最后是明确各相关职责部门的职能。制定完善的权力、责任"双清单"，提高执行人员的积极性和主动性，保障各部门高效的执行力。

（3）完善督导职能

首先是借鉴其他地区建立职业教育智库指导职业教育发展的经验，建立职业教育教研室或者研究院，具体负责上级层面职业教育政策的研究、职业教育发展的调研、职业教育政策法规文件的起草以及日常重要信息的发布工作。其次是针对职业教育政策执行落实情况，强化评估和督导作用，建立专门的机构和工作机制，对各政府履行推动职业教育发展职责情况进行严格考核，同时对职业学校教学任务完成情况进行督导评估，实时反馈意见，确保整改及时到位。

（六）转变政府职能

纵观世界范围内现代职业教育的发展来看，行业发展需求是现代职业教育的出发点也是现代职业教育的归宿。什么时候学校职业教育与行业企业关系密切，什么时候培养的人才就会非常受到欢迎，职业教育也就更具有吸引力，反之，则失去其该有的人才培养特色，失去存在的意义。我国现代职业教育的变革历程也印证了这一规律，尽管清末民初我国现代职业教育草创，但是局部范围内的成功依然表现出了职业教育这一本质属性，即实用价值和实践取向。新中国成立后的职业教育变革进程，表现出我国现代职业教育曲折的发展道路，但也表现出与行业产业发展紧密相依的发展关系，哪里这个问题想得清处理得好，哪里就出现职业教育的发展，反之则停滞或者倒退。我国当代的职业教育深度变革，呼唤对职业教育的这一本质特征普遍性的尊重和回归。这里不仅需要政府转变观念，企业、学校同样要转变观念，进而转变政府职能，企业学校应做好应对之准备。这里一个重要的主体不可或缺，即强有力的行业组织。行业组织既能够使政府的相关决策具有专业性和可靠性，同时也能够使职业教育教学及时跟进行业的最新的技术标准，而不是哪所职业学校依靠自身的企业人脉资源，艰难开发相关标准，这样既不经济也不科学更不具权威性。

（七）完善职业教育保障机制

一是加大投入力度构建政府、社会、企业多渠道职业教育经费筹集体制，加大教育领域财政支出向职业教育倾斜的力度，动态调整财政负担的学生补助标准。加大用于完善职业教育基础设施的政府专项债申报力度。加强政府对职业教育经费投入的人大监督、社会监督、法律监督，对职业教育中的学校发放奖补与投放项目要综合考量生均拨款落实情况，防止职业学校用学费、社会服务等其他收入假冒生均拨款问题，建立起区分专业差异的生均拨款制度。落实实习责任保险制度，学校统一支付学生实习补助和保险费用。

二是优化发展环境，在全社会树立劳动光荣的舆论导向，将尊重劳动、尊重技术、尊重创新的理念贯穿始终，引导全社会树立劳动最光荣的理念，使人们养成通过辛勤、诚实、创新的劳动追求美好生活的习惯，激发其投身职业教育的主动性。大力宣传老工业基地历史上涌现的优秀工人群体精神等宝贵财富，定期举办职业教育活动周和各类宣传活动。

三是畅通毕业生就地就业渠道，坚持"先培训，后就业""先培训，后上岗"的原则，建立完善的企业与职业学校就业对接机制，完善政府对毕业生在职业谋划、职业准备、就业选择、创业指导等方面的服务与指导。每年拿出一定的事业编制，选派优秀应届毕业生到本地企业挂职工作3年，服务期满后，根据个人意愿，可以选择继续留在企业或获得事业编制，对进入规模以上民营企业工作的，每月给予每人生活补贴和一次性住房补贴。围绕"六大产业集群"拿出更多适合职业教育毕业生的岗位，进一步激发、释放职业学校学生蕴藏的巨大活力和潜力，引领企业进行科技创新、管理创新、服务创新，助推职业教育主体蓬勃发展。

四是健全促进职业教育公平的体制机制，夯实职业教育在巩固拓展脱贫攻坚成果与乡村振兴有效衔接中的关键支撑，围绕脱贫村、贫困边缘村和易返贫村的产业需求，提高助推乡村振兴的准确性。加大对困难学生的资助力度，健全平等、多元、规范的政策保障体系，提高助学金的使用效率，真正让需要的学生受益。

第二节　当代职业教育教学管理原则

一、灵活性原则

在职业教育教学管理、学生管理、课程管理、师资管理等活动中，还需要遵循灵活性原则，采用多样化的管理模式。只有多元化的课程才能够满足学习者多样化的学习需求，为了适应学习者的学习时间，可以安排长期课程、短期课程、日间课程、夜间课程；为了适应学习者的个性化发展需求，可以设置微型课程、虚拟课程等。在终身教育理念下，传统灌输式、填鸭式教学模式显然已经无法满足学习者的需求，为此，必须采用多元化的教学模式，积极应用现代化科学技术，开展远程教学、现场教学、案例教学、情境体验教学等多种教学形式。此外，还要为教师提供尽可能多的学习机会，职业教育的终身学习不仅仅针对学习者，还包括广大的教师群体。为此，学校方面需要加强对教师的培训与教育，为他们提供多样化的学习机会，让他们可以根据自身的发展需求、兴趣爱好进行选择，促进他们的个性发展。只有教师的水平得到提升，职业教育的水平才能够得到提升。教师的学习可以是多元化的，除了要为教师提供必备的学习机会，职业学校也必须做好教师的培训与教育工作，定期开展不同类型的讲座，鼓励广大教师参与到培训过程中，使其深刻意识到教育思想的重要性，进而将这种理念内化于心、外化于行地辐射到自身的教学活动中，实现教育理念的有效传承。

二、功能性原则

职业教育教学管理执行机制的虚化问题，导致机制的应有作用难以充分体现，在进一步的优化过程中，应坚持功能性原则，以使执行机制存在的价值和意义得以突显。职业教育管理执行机制的功能性价值主要体现在内外两方面。一方面，从内部机理上说，职业教育管理执行机制能够维持政策执行体系的有序运行，是因为成熟有效的机制，可以引导和协调执行主体的行为，使担负政策执行任务的众多组织和部门形成一个自组织系统，在不需要外力干预状态下遵循既定规则实现政策目标的达成。另一方面，从外部生态上说，执行机制可以提升政策的环境适应性。一项政策从制定、出台到落地，是政策内容从概括到具象、政策目标从模糊到明确的过程，在这个过程中，有效的执行机制可以结合不同地域条件和需求，充分利用各种资源，为实现预期政策目标创设有利的生态条件，最大程度保持政策活力和效益。因此，在职业教育管理执行机制优化中强调功能性原则，可有效避免政策执行中存在的敷衍、懒政、不作为以及形式化问题，同时也使职教政策的公信力得到有力保障。

三、整体性原则

职业教育教学管理执行机制有众多执行主体，在机制运行过程中，各个主体既有各自的局部利益，同时也拥有一个共同的政策目标，而后者更体现了机制存在的价值和意义。因此，执行机制的优化，应秉持整体性原则，协调处理好各执行主体间的关系，培养相辅相成的协作意识，只有这样，才可产生高效持久的机制效力，顺利实现既定职业教育管理目标。另外，也只有强调整体性，才有可能避免执行机制的分化，杜绝或减少政策执行中以部门利益为重而罔顾整体长远利益的现象。当然，坚持整体性原则，也要兼顾各主体自身的合法合理利益，保障主体利益是机制发挥功用理应涵盖的内容，也是其得以存在的基础；否则以牺牲部分群体应有权益为代价而形成的所谓机制，必然不是基于"整体性"的完善机制，其自身也难以健康运行。

四、权变性原则

职业教育教学管理执行过程中存在明显的机制僵化问题，机械化、教条化执行政策的现象非常普遍，在执行机制优化中，权变性也是应该强调的一条重要原则。职业教育管理执行过程中也存在诸多不确定因素，执行环境的改变、主体间关系变更等情况的出现，需要执行机制能够及时做出反应并尽快进行调整改进。尤其是进入新时代后，职业教育教学发展面临新诉求、新问题和新趋势，政策执行机制只有在优化中坚持权变性原则，才能应对新的改革形势，更有效地促进政策目标的实现。职业教育管理执行机制的优化如果忽视权变原则，则其原有的僵化痼疾就无法消弭，政策执行中的"一刀切"现象也会依然存在，政策效益将无法得到保障。

五、育人为本原则

职业教育教学管理要求我们要坚持育人为本的原则。育人为本，核心是"人"，关键在"育"，要求学校教育把促进学生的健康成长作为一切工作的出发点和落脚点，遵循教育规律和学生身心发展规律，为每个学生提供适当的教育，以人格健全为核心实现学生在知识技能和为人处事、当前发展和长远发展方面的协调统一。

育人为本的管理理念主要体现在以下几点：满足学生在学习生活中的合理需求；强化对学生的人性化管理；注重学生的个性化培养，让每个学生都能成为一个独立的个体；遵循科学发展规律，关注学生的心理健康。职业院校的学生具有活跃的思想，易受周围事物的影响，传统的学生管理模式往往要求学生遵守公式化的制度，不利于培养学生的创新能力和促进其思维发展。育人为本理念的引入有利于引导学生逐渐认识自我，调动学生学习的积极性和主动性。另外，创新和思维能力的培养也符合时代发展需求，在新时代背景下，人的主体意识不断强化，时代需要具有个性化和多样化的人才，在职业院校学生管理中合理运用育人为本管理理念符合学生发展特点，更符合时代对人才的发展需求。

第一，坚持"育人为本"理念是增强思想政治教育实效性的有效途径。在我党历史上，思想政治教育一直到各级部门的高度重视，但因过度强调其政治功能，忽视人自身的发展，现实中的部分思想政治教育工作走向了形式主义，其实效性也大大降低。具体而言，思想政治教育实效性降低的主要原因有以下几个方面：其一，目标定位过于狭窄，出现思想政治教育泛政治化的倾向，容易使人产生抵触情绪；其二，教学内容相对陈旧，不能着眼于当前的社会问题，来激发学生兴趣，引导学生深入思考社会问题；其三，教学方法单一，不能切实结合学生的身心发展特点选择适宜的教学方法。我们不难发现，思想政治教育从终极层面上看，追求的正是道德所指向的善，它致力于促进人之崇高精神境界的自我塑造从而提升人的存在。因而，提高思想政治教育实效性的关键在于回归"人"的目的和遵循"育"的规律。

第二，坚持"育人为本"理念是顺应职业教育改革潮流的集中体现，人是教育的出发点，也是教育的归宿，一切教育都必须坚持育人为本，这是现代教育的本质要求。传统观念强调智力开发，重科技、轻人文，重智育、轻德育。20世纪以来，科学技术在推动经济社会发展和改善人类生活方面的作用日益凸显，"科学至上，唯科学是从"的思潮席卷全球，深刻影响着职业教育，逐渐形成了"重科技，轻人文"的教育理念和教育模式。在这种教育理念的支配下，一些大学出现了教育实用化、功利化的现象，育人属性越来越被弱化，失去了职业教育的本真追求。职业教育培养出了大批技术人员和科学家，虽然推动着社会经济的发展，但人文精神的缺乏也给社会带来了诸多问题，如部分社会成员道德水平普遍下降、责任感降低等等，人们过分追求功利价值而忽视对他人的关爱，对人类的关怀，甚至出现为获取一己私利而滥用科学技术从事危害社会发展和人类生存的活动。科技是一柄双刃剑，当人类凭借科技的钥匙，兴致勃勃地打开天堂之门时，却不经意打开了地狱之门。人类在经历了"二战"的沉重灾难以后，对科学技术的作用不断进行反思，对科技和人文的关系重新定位。于是科技、人文并重成为世界职业教育改革的基本趋势，突出德育的地位，注重人文精神的塑造。职业教育的改革不断侧重于人的科学精神和人文精神的塑造，而不是局限于技能的培养。由于历史和认识上的原因，我国职业学校长期以来普遍存在着注重专业教育而忽视人文精神培养的现象。育人理念的淡薄严重影响了中国职业教育质量的提高，特别是学生综合素质的提升。随着时代的发展，我国教育界对教育的本质不断发起追问，教育的改革不断朝着育人方向前进。

第三节　当代职业教育教学管理内容

一、当代职业教育专业设置管理

职业教育是按照专业来组织教学的。专业既是学校制定培养目标、人才培养方案，进行招生、教学、毕业生就业等工作，为社会培养、输送各种各类专门人才的依据，也是学生选择学习方向、学习内容，进而形成自己在某一专门领域的特长，为将来从事职业活动做准备的依据。就职业教育而言，其专业不是通常意义上的"学科专业"，而主要是"技术专业"。为此，职业教育的专业设置必须更多地从职业教育自身特点上去探索。

第一，职业教育专业设置要坚持转型与塑型并举。加快转变专业发展理念，加强专业内涵建设，改进专业教学方法，创新专业人才培养体系，切实提升专业建设质量，有效发挥职业教育人才培养供给端和经济社会发展用人需求侧的重要媒介作用。塑型，就是要继续深化职业教育的根本属性，在"职"上固本。职业教育应以"产业—专业—就业"为实践逻辑，坚持围绕产业办专业、办好专业促就业，有效发挥其对接产业、服务企业、促进就业的社会功能。具体来说，根据区域经济发展和社会职业变化来合理设置、调整专业，针对岗位能力要求与人才规格需求科学建设专业，推动德技并修、育训结合、书证融通，培养适应经济发展的高层次、高水平、高素质的技术型应用人才

第二，职业教育专业设置应立足个体发展逻辑，培养能够适应产业变革的高级应用型技术型人才，帮助学生获得扎实的专业知识和精湛的技术技能，兼顾学生的人文素养和综合素质发展。深化产教融合，引导企业参与人才培养全过程，推动专业链对接产业链、专业课程嵌入实践项目、教学课堂引入生产情境、教学方法结合工作方法，促进职业教育与企业生产深度融合。探索工学融合，注重"引校驻企"。通过倡导教学即生产、学习即工作、过程即考核、产品即成绩，体现学中做、做中学的教育教学特色，真正实现学校即工厂、教室即车间、老师即师傅、学生即徒弟。探索专创融合，注重专业教育和创新创业教育的有机结合。使学生通过专业教育获得必要的专业知识和职业素养，通过创新创业教育培养创新意识、提升创造能力，形成双创技能，释放创新热情、激发创业潜能，将学生培养成具有创新精神的"技术人"。

二、当代职业教育教学计划管理

教学计划是人才培养目标、基本规格以及培养过程和方式的总体设计,是学校保证教学质量的基本教学文件,是组织教学过程、安排教学任务、确定教学编制的基本依据。它既要符合教学规律,保持一定的稳定性,又要不断适合经济、社会和科技的发展,适时进行调整和修改。

一是教学计划编制的资金保障。编制教学计划前需要到企业实地调研,需要聘请行业内专家开展研讨,需要搭配足够的教师和设备,这都需要资金保障。如果缺乏资金保障,教学计划编制环节就不能有效开展,由此带来的问题就是编制的教学计划质量不高,没有可操作性。

二是教学计划编制的师资保障。对于职业学校来说,主要应解决其对教师吸引力不强的问题。如何能够提高职业院校教师待遇是一个问题,可以参照其他城市的一些做法,设立职业学校专项资金,对职业学校的教师进行一些财政补贴,对职业学校教师的退休待遇给予进一步补贴。

三是市级层面要有专家级教研员队伍,无论是教学计划的参考性专业标准,还是教学计划涉及的专业设备的采购标准和实训室摆放标准,都需要市级层面组织教研员进行深入研究并正式出台指导性文件。

三、当代职业教育教学质量管理

教育质量管理是一个复合概念,其核心是"教学质量"。在教育领域,所谓教学质量通常是指学生经过一定期限的学习后所应达到的规格要求。这里的规格要求,既包括国家对学校教育统一规定的教学要求,也包括一个学校根据国家标准而制定的教学计划中所规定的质量要求。检验教学管理是否高效、精准、有效,其重要标志之一就是管理的"质量",凡是离开"质量"的教学管理,都是不完善的教学管理。因此,学校的教学管理,绝不能只有教学过程的管理而没有教学质量的管理。

教学质量管理包含以下三层含义:首先,教学管理既要精细化更要具有高效性。任何管理都讲求效率,所以高效性是对职业学校教学管理的基本要求,也是教学精细化管理的重要追求。其次,教学管理既要规范化更要具有科学性。职业学校精细化教学管理的科学性特征,就是指在职业学校教学管理工作中,必须坚持实事求是,一切从实际出发,自觉地按照职业学校教学管理的一般规律办事,使教学工作井然有序,达到最佳的管理效果。最后,教学管理既要制度化更要人性化。细化工作制度,强化刚性管理,确实是教学精细化管理的典型特征,但不是这种管理模式的全部，尤其是职业学校的教学管理，制度化的管理必须建立在人性化的基础之上，否则不可能达到预想目标，甚至会出现适得其反的结果。

四、当代职业教育教师队伍管理

教师的专业能力、素养，直接影响着人才培养的效果。目前，职业学校的一些教师只具备理论知识教学能力，缺少专业的职业技能，无法满足"双师型"教师的要求，导致人才培养的效果难以提升。因此，职业学校应根据人才培养的需求科学合理地建设专业的教师队伍，促进教师理论教学能力和职业技能水平的提升，使其在教育教学中能够提升学生的专业能力和职业技能，满足人才培养的需求。

（一）完善教师培养规划

职业学校应从教师了解学校实际情况和掌握学生学习情况出发，有效拓展教师招聘渠道，在扩大离退休教授、高校教师和科研生产单位高级技师以及在读研究生和高校毕业生等招聘力度的同时，建立学校教师人才培养制度。

（二）制定分层培养措施

与高校之间建立起关系密切、联系紧密的合作，全面提升职业学校教师的教学能力与水平，有效保障职业教育教学质量，职业学校要重视社会力量和校外资源的利用。一是学校鼓励教师积极参与各类学术团体，加强与行业内领袖人员的交流和沟通，提升自身的眼界和见识；二是学校要积极选派优秀骨干教师前往兄弟学校、其他高等院校进行学习和进修，提高教师的专业能力和水平；三是重视教师实践能力的提升。职业学校要加强与战略合作企业的联系，通过委派、入企顶岗等多种模式让教师更多地参与到企业实践中，对行业技术发展情况、发展前景等进行了解，提高教师的综合能力。同时，为快速有效提升新入职教师的能力与水平，职业学校可仿效高等院校的教学模式，考虑成立导师组，由经验丰富的专家级教师带领新教师进行学习，快速提高新入职教师的专业能力，促进新入职教师角色的转换。

五、当代职业教育教学基本建设管理

教学基本建设包括实验室建设、实训基地建设、教材建设以及教学制度建设等。建立相对稳定的校内外实践教学基地是培养高等技术应用型人才的必备条件，也是形成办学特色的关键。信息技术的发展正在快速地改变着这个世界，人工智能、大数据、"互联网"等现代信息技术的推广，也使职业教育信息化成为新的发展趋势。职业院校必须重视信息化教学环境的建设，只有这样，才能保障信息化教学的顺利开展，推进信息技术与教育教学深度融合，实现信息化环境下职业教育教学模式的创新。

（一）信息化教学软件环境建设

有效应用教学软件是信息化教学的显著特征之一，教学软件再搭配各类硬件设施，落实于教学活动全过程，加强教学信息化程度。信息化教学软件环境是教师和学生在课堂教学中所可以使用的各种软件，其为信息化教学中备课阶段、授课阶段以及学习阶段提供必要的技术支持。结合教学软件多样化应用范围，将之划分成适用于教学的工具类软件和学术针对性专业授课软件。用于教学软件的主要有录屏软件、影像加工软件以及MOOC开发软件等，上述软件拥有众多供应商，职业院校可以结合实际情况进行购买。学术针对性专业软件是结合学科特征、教学内容开发并应用的软件，例如就某一门课程研发的虚拟仿真软件，此软件可以利用计算机仿真技术模拟工作场景，学生借助计算机操作开展实践练习，提高技能。不光可以购买，学校也可以借助于企业合作进行共同研发，如此可以满足企业的人才需求和学生实践需求。

（二）信息化硬件支持环境建设

信息化硬件支持环境是指实现信息化教学所需要的硬件基础设施，它体现了职业教育信息化的基础能力。应进一步优化职业院校信息化教学环境。硬件环境的建设是一项系统工程，在建设过程中应采用"标准引领、项目示范、分步实施"的方式，统筹安排，合理规划，近期目标与长远发展相结合，推进信息化教学环境硬件设施的建设。职业院校在进行信息化硬件支持环境建设时，应对信息化教学需求进行充分调研，根据教学需求制定建设计划，同时，针对不同建设项目合理制定采购、验收标准。在硬件技术水平选择上，应注意既要与时俱进，又要平衡成本，不可盲目追求高标准而忽视实际需求，造成人力、物力的浪费；也不可目光短浅，出现项目建成就落伍的现象。

第七章 当代职业教育教学师资队伍建设

当代职业院校师资队伍结构不合理、教科研意识淡薄、创新能力不足和"双师型"教师远低于需求等现象突出,成为影响职业院校人才培养质量和建设发展的严重问题,亟待解决。确立职业院校教师的主体地位,加强师风师德建设,注重职业院校教师培训成为落实新时代职业教育创新发展的必然。本章分为职业教育教师的角色与压力、当代职业教育教师的能力结构、当代职业教育教师的素质结构、当代职业教育教学师资队伍建设目标、当代职业教育教学师资队伍建设策略五个部分。

第一节 职业教育教师的角色与压力

一、教师角色的历史嬗变

(一)口耳相传时期的教师角色

1. 劳作生产经验的传递者

在人类社会发展早期,教育本身作为一种生存手段,用于适应、改造人类生活环境,教育活动往往发生在生活中的一切活动样式之中,可以说是名副其实的"生活教育"。部落里的男女,无论老少,都是生产劳动者,其中有部分经验老到、年纪稍长的人,一方面依旧从事原有的基本劳动,一方面将自己在实践过程中所获得的有关生产的劳作经验和技术传给下一代。并且生产劳动教育的内容还会依据男女社会劳动分工而有所不同,如男孩学习农业、畜牧业、打猎等劳动内容,女孩主要学习管理家务和采集等方面的内容。这部分传授经验的人即扮演了"劳作生产经验传递者"的教师角色。

2. 部落文化的传承者

随着社会的发展,生产劳动的经验也日益增多,人类在基本生存方面已无太多顾虑。在满足基本温饱之后,各种生活习惯、行为规范和原始宗教典礼也日益增加。这些习惯、规范和典礼仪式，是维系和推动当时社会生活和交往不可或缺的要素，因此也成为教育的一项重要内容。其中，尤其是部落文化和宗教仪式的传承，使教师角色蕴含了新的变化：部落文化的传承者。这个阶段参与外出捕猎和采集等劳动的主要为青壮年男女，而老年人和儿童在居住地负责看管和驱逐小动物等力所能及的事情。在老年人和儿童共同劳动的过程中，这些部落长者不仅仅传承生产知识和劳动技能，也会有意识地向后代们传授部落中群体生活的习俗、行为规范等社会交往方面的经验。

（二）手抄文字传播时期的教师角色

1. 传道授业解惑者

教师之所以体现传道授业解惑者的角色，是因为这个角色代表当时教师工作的主要内容，即树立道德观念和传授知识文化。自从社会生产力提高，教育脱离劳动生产而独立存在时，思想道德教育便成为当时教育的主要组成内容，并且受到阶级统治者的重要关注。这里的思想道德教育的含义是教师按照阶级统治者的要求，将符合该时期社会发展的道德行为规范、价值理念通过教师的言传身教并辅以圣贤书籍的引导向学生施加潜移默化的影响，并在此影响下逐步引导学生将其修炼为自身道德修养。

2. 教育方法创新者

相较于上个时期，手抄文字传播时期的教师已经不满足于平铺直叙地传授知识和技能。在教育的实践过程中，中西方的教师都发现了诸多具有"创新性"的教育方法，不约而同地扮演起了"教育方法创新者"。公元前5世纪左右，西方世界出现了最早担任职业教师的人员——智者，其中的杰出代表——苏格拉底认为教师不应该平铺直叙、直截了当地把学生应知晓的知识交给学生，而是应通过讨论甚至辩论的教学方式来揭露对方思维中的矛盾，从而唤醒学生的求知意识和思考精神，引导学生自己说出答案，并以此总结出了以提问、诘难、诱思为标志的"精神助产术"教学方法。

（三）印刷和电子传播时期的教师角色

1. 课堂教学的独白者

班级授课制的兴起与当时轰轰烈烈进行的工业革命的背景是相呼应的。为满足生产需要和追寻更多的剩余价值，资本家急需数量庞大的掌握基础知识文化的劳动者，由此导致社会的教育需求日益激增，而班级授课制所具有的特点正好满足了这种大规模、标准统一的教育需求，因而班级授课制成为当时最适应需求的教学组织形式。

在这种背景下，教师更多的是作为课堂教学的独白者而非对话者，将人类知识财富进行"复制""粘贴"，甚至"贩卖"给学生。所谓课堂教学的独白者，是指在当时的社会背景中，教师凭借自己相对过人的知识量和尊师重道的师生关系所表现出来的绝对优势而"霸占"整个课堂教学，将课堂上的时间都据为己有，不给学生讨论交流的机会。在他们看来，教学活动是以教师为中心的，教学活动的展开是以教师的"独白"而进行的，教师的教和学生的学画上了等号，学生在教师的眼中扮演着知识的"吸收者"和"消费者"，而并非"反思者"。

2. 课程改革的旁观者

不可否认，班级授课制在这个阶段起到了强大的推动作用，在师资较为缺乏的年代，既大规模地提高了人们受教育的程度，又最大限度地保证了教育的质量。但班级授课制所存在的局限之处同样让人不能忽视：课堂上教师成为唯一的主宰和教学活动的领导者，众多学生只能被动获取知识；师生关系也表现为以教师为中心，提倡"教师专制"，教师往往说一不二；教师对大部分学生的评价通过考试分数来衡量，只以"分数论英雄"。班级授课制的局限性过于拔高了教师在教学中的地位和考试分数的重要性，以至于大部分教师在该教学组织形式中已经形成了一种固定且死板的教学模式，这种教学模式给予了教师崇高的课堂权力和高效的灌输效率。

（四）网络传播时期的教师角色

1. 课程资源的开发者

教学和课程两者在传统教学过程中总是相脱离，教师常常只作为单纯的课程教学者，被排斥在所教授的课程建设之外。教师教授课程的进度和教学内容都是被教育行政部门所编排的教学计划和教学大纲提前规定好的，教师所使用的教材和参考资料都是由教研部门和行业专家精心编排和提供的。如此种种，教师便成为各项教育规定的机械执行者和教材知识的搬运工，一旦失去了手中的教材和教案，便失去了作为教师的能力，逐渐失去了作为一线教师应有的课程资源开拓意识和课程资源建设的能力。

2. 学生学习的促进者

在网络传播时期之前，教师作为绝对的知识权威者，拥有对知识的解释权。在传统课堂上，教师常以知识化身的形象出现，是学生学习的领导者，单向地对学生进行知识的灌输。课堂中教师往往只关心自己的教学体验，完全忽视了学生的存在。长此以往，学生便成为"知识的容器"，只会被动地学习，死记硬背学科知识，从未真正地融合贯通。在网络媒介诞生之后，便捷的信息获取方式使教师的知识权威地位一落千丈，而知识的快速更迭也往往使教师力不从心。

在网络传播时期，虽然教师在具体知识的广度和深度上不再像以往那般权威，但是在教学方法、教学策略和问题判断上仍是专家。教师的作用更多地体现在"促进"而非"传授"上，教师的主要工作内容变为引导学生从已有的经验出发去发现问题和自主探究问题，从而获取相关结论，收获对应知识。相应地，教师也由知识的传播者角色嬗变为学生学习的促进者。

二、职业教育教师的角色

（一）党执政的坚定支持者

教育的根本问题在于"为谁培养人、培养什么人"。新职业教育法明确规定"职业教育必须坚持中国共产党的领导，坚持社会主义办学方向"。这是我国职业教育实施的基本原则。我国职业教育的办学方向在于"为社会主义服务、为人民服务"，保证办学不偏向的关键在于坚持中国共产党的领导。我国职业院校的教师首先要具备正确的政治立场，旗帜鲜明地拥护中国共产党的领导，坚决贯彻执行国家的教育方针，成为党的政策的坚决拥护者、坚定执行者和积极传播者。新时代的职业教育教师是"铸魂师"，应用中国魂、中华民族魂塑造学生的精神世界，用马克思主义理论武装学生头脑，培养拥护中国共产党和社会主义制度的高素质技术技能型人才。

（二）学生健康成长的指导者

由于社会对职业教育的偏见，部分职业院校的学生存在失败者心理，自我评价较低，缺乏学习动力，内心空虚没追求，怕苦怕累想"躺平"，对未来感到迷茫和焦虑。新时代的职业教育教师应是"育人师"，既要关注职业教育的发展趋势，又要关注学生的思想动态、情绪变化和情感需要；既要传授专业知识技能、规划职业生涯，又要启迪心智、激发潜能，成为学生思想的引路人，引导学生坚定"技能创造精彩人生"的理想信念，启智润心、塑造灵魂，点燃梦想、激昂斗志，激励学生走技能成才、技能报国之路，指导和陪伴学生健康成长。

（三）先进技术的传播者

职业教育以职业需求为导向，以实践能力为重点，以产学研用为途径，坚持学历教育和培训并重，为产业结构升级和经济社会发展输送了一大批高素质技术技能型人才。职业教育教师需要走出书斋、走出校园、走进企业、下到车间、走近社区、进入市场，把科学知识转化为技术技能，把理论知识转化为实践操作，向学生传授现代技术、训练先进技能，助力技能强国、教育强国。新时代职业教育教师不仅仅是一名手把手带徒弟的师傅，也不仅仅是一名熟练的专业技师，而是按照现代职业教育模式，实施标准化培训、高强度训练、程序化管理。因而职业教育教师要努力成为一名勇于开拓创新，不断开发新技术、新技能，运用现代教育技术手段有效传播先进技术的技能培训师。

（四）工匠精神的培育者

大国工匠、能工巧匠是推动我国从制造大国向制造强国转变、适应产业转型升级、实现现代化建设的重要人才资源。要成为大国工匠、能工巧匠，首先要具备工匠精神。工匠精神可以概括为"执着专注、精益求精、一丝不苟、追求卓越"。职业教育是培育工匠精神，培养大国工匠、能工巧匠的重要途径。新时代职业教育教师要全面把握工匠精神的科学内涵，深刻认识工匠精神对制造强国的重要意义，讲好能工巧匠、大国工匠的中国故事，在技能培养中加强学生精神塑造，用工匠精神、劳动精神、劳模精神涵养学生的职业素质，使其做到敬业、勤业、乐业、精业，注重细节、勇于创新、追求卓越，把中国制造、中国创造、中国建造推向新阶段。

（五）教学改革的创新者

如今，在人们的日常生活中，网络已经不可或缺，当今互联网已融入教育，使得教育无处不在、无时不有。这在很大程度上冲击了传统教育，教育进入一场基于信息化技术的变革中。在"互联网＋教育"的新时代，课堂不再局限于教室、工厂车间、田间地头、实训基地等有形课堂，而拓展为慕课、云课堂、云计算等新型的网络学习平台；师生关系也不再是高高在上的严教师与尊重权威的乖学生之间的不对等关系，而是平等基础上的师生学习共同体。职业教育教师必须适应新形势，开拓创新，成为教学改革的推动者；创新教育理念，树立以生为本的理念，发挥学生的主体作用，打造师生学习共同体；创新教学内容，根据学科发展和社会需要，整合教材内容和海量的网络资源，设计组织好课堂教学；创新教学手段，运用云端课堂、翻转课堂等新途径、新方式，利用微信公众号、抖音号、QQ群等网络新平台、新手段，通过灵活多样的方法方便学生随时学习、乐于学习。

（六）终身学习的践行者

终身学习不仅是一种人生追求，更是一项适应未来社会发展的必备能力。当今的科技日新月异、竞争日益激烈，人工智能和自动化发展将淘汰大量简单重复性的工作。每个人唯有树立终身学习的理念，对新事物持有好奇心，不断学习新知识、掌握新技能，才能应对百年未有之大变局。职业教育教师必须成为终身学习的践行者，紧跟时代发展的步伐，保持学习热情，持之以恒地学习，不断增加自身的知识储备，引领社会学习的新风尚。职业教育教师必须成为终身学习的研究者，不断发现教育新规律，积极探索教学新方法，用丰富的学识和广阔的视野引领学生遨游知识的海洋。职业教育教师必须成为终身学习的促进者，推动构建"人人皆学、时时能学、处处可学"的学习型社会和终身学习的教育体系。

三、职业教育教师的压力

（一）职称晋升压力

不同于以往的"大锅饭"格局，在职业教育教学不断深入改革和发展的背景下，教师的薪资待遇直接与其职称职务等挂钩，职务职称的晋升逐渐成了大部分教师追求的目标。部分教师因为入职时间不长、经验不足、职务职称不高，薪资待遇较低，因此他们对于晋升有着强烈的愿望。但在高等教育发生改革后，职业院校开始实施定岗定编制度，薪酬工资直接与职务职称相挂钩，因相应的定岗有限，教师在职称的晋升中存在激烈竞争。定岗定编后，教师的薪酬待遇直接与职称挂钩，教学、科学研究、教学辅助类教师依据自己的专业选择行政岗位或者技术岗位，但职业院校行政岗的晋升通道较为狭窄，特别是科级以下人员，除了特殊岗位可以评聘职称外，剩下的管理岗人员一般选择做行政工作后，即便有再高的职称也不能为学校聘用。教学、科学研究、教学辅助类教师则可以通过岗位竞争或评聘职称达到高一级别职称晋升的目的，而做行政工作的人员只能通过岗位竞争的方式进行晋升。所以经比较得知，行政管理岗人员的职位晋升渠道较为狭窄，职务职称的压力比其他类教师更高。

（二）学术科研压力

一方面课时量多，再加上很多教师每天都要花费大量的时间和精力投入学术与科研当中，工作比较繁忙，工作时间比较长，所以很多教师职业压力感比较强。甚至部分教师表示，每天奔走在教学和科研室当中，繁重的压力往往让自己感到心有余而力不足。特别是在科研方面，受到资源和能力等因素的限制，感觉科研过程中面临着各种困难，立项和成果发表等有点力不从心。大多数教师表示，课题申请难度大、结题困难是造成此方面压力的主要根源。在课题申请方面，申请者的职务、职称经验等，都会直接影响申请的成功与否。一般教师甚至没有此方面的申请资格。即便是申请到项目，在运作过程中同样面临着很多困难，如资金不足、人力配备不足、时间不足等。因为教师的教学任务比较繁重，再加上需要参与学校管理，很多教师申请到项目之后，投入科研的时间非常有限，会直接影响结题，因此很多教师普遍反映此方面的压力比较大。

（三）工作负荷压力

教师正处在发展事业的阶段，为获取更高级别的职务职称，教师常常工作负荷很重，而教学辅助类教师的负荷往往比其他教师重。职业院校招生扩张后，教师和学生的比例下降，教学管理工作较以往更加烦琐，教学辅助类教师担当的身份较多，不仅要辅助教学，还要兼顾一些行政管理工作，所以他们普遍超负荷工作。教师除了要完成严重超标的教学任务，还要进行相应的科学研究工作。行政岗位的教师是职业院校各项管理工作的重要执行人员，大量的学校事务及文书工作使得其工作更加沉重，加之日常各种工作检查以及活动的开展，使得其经常加班加点准备各种材料，故其工作的时间没有严格的区分。

（四）社会人际关系压力

教师从学生到教师身份角色的转变通常在短时间内完成，而身份角色的转变意味着其背后的社会关系也将随之改变，教师将面临更为复杂的社会环境。他们从原来仅用处理同学之间、师生之间的关系转变为需要处理更加复杂的人际关系，如他们需同时处理自己与上下级之间、同事之间等的人际关系，这是教师从校园生活正式走向社会的过程。与此同时，教师具有较强的事业心、竞争心，在人际关系中内心活动更为突出。他们在事业上富有竞争性、不肯认输，在待人接物方面正义感强，对不合理现象不愿迁就和屈从，刻意追求自己的独立人格，因而易招致排挤，出现人际关系紧张。且教师在短期内很难恰当处理这些复杂的人际关系，也很不擅长在各种社会关系中找到适合自己的发展空间。

第二节　当代职业教育教师的能力结构

一、课堂教学能力

（一）教学认知能力

教师的教学认知能力是指教师将课堂教学系统当作感知对象，不断地创构新的感知因式，自发性地感知与反省课堂教学系统的特征及基本要素相互之间的关系，领会和归纳课程的定理原则和定义，洞察和掌握学生的学习心理，深入掌握所采取的教学方法的能力。具体而言，这种能力体现了教师对教学目标、教学资源、学习者特征的综合分析判断。教学认知能力直接影响着教师对所教课程内容的选择与剖析，对知识点的合理组织与表达，是教师提升教学效果的重要前提条件，也是教师教学能力的重要组成成分。

1. 对教学目标的理解力

教育目标、课程目标是具体学科教学目标设计的指导性基础，同时学科教学目标则是课程目标、教育目标的具体反映，三种不同的目标间相互作用、多向承接、相互渗透。在教育实践中，课程目标要符合人才培养的基本要求和趋势。但是，教育目标的达成需要借助各种具体的教育课程目标、专业教学总体目标进行实现。如果教育目标与学科教学目标原则相背离，教师们即使做出了许多努力，课堂教学效果也难以获得实质性的提升。所以，对教师来说，如何正确掌握课程培养要求，在组织课堂教学中保持正确引导，适切性地创设与实现课堂教学目标，让教学活动对学生的发展产生积极影响，是评价教师教学认知能力水平的关键因素。

2. 对教学资源的分析力

对教学资源的分析力是指教师需要深入剖析教学资源，包括教学课程、教辅资源等的特征、影响因素及成分构成。互联网时代网络技术日趋发达，大大拓宽了信息资源的获取渠道，信息资源的获取、传播变得十分简单和快捷。同样地，互联网时代的教学资源也不再拘囿于传统的纸质教学资源。互联网环境下的教学资源凸显了信息的丰富、形态的多元和价值的多样。这就要求教师们要认识并掌握教学资源自身的结构特征和外在的形态特点，在课堂教学中合理使用各种教学资源，并根据学校实际，灵活运用，最大限度地发挥各类教学资源的功能。教师应该以让教学资源更好地为促进学校的发展服务为目标与要求，对教学资源进行结果剖析、说明剖析和全面剖析，通过透彻地了解后筛选教学资源，以便开展更专业的高效教学，以适应学生学习与发展需求。

3. 对教学对象的知觉力

如果教师们不是很了解教学对象(即学习者)的实际状况，他们将无法更好地开展教学，不能收获良好的课堂教学效果，尽管教师对学科的导向是合理的，对教学模式与手段也做了细致的规划，但成效也仍会不理想。"知己知彼，百战不殆"，教师首先要对教学对象的自身情况、身体心理发展水平、家庭教育情况和社会关系的发展背景等方面进行较为全面的认识，而教师也只有对教学对象状况做出全方位、整体性的理解、认识和掌握，才能提高课堂教学方案设计的客观性、可行性和针对性，更好地完成课堂教学任务，从而提升课堂教学的效果。

（二）教学设计能力

课堂教学设计能力是教师们所应该掌握的基本能力之一，现代信息化环境下对课堂教学设计能力提出了全新的要求，即教师们要能设计基于现代信息化环境的协作学习策略、设计基于网络资源与工具的教学任务、根据学习者在互联网环境下的心理特征设定教学目标以及运用计算机技术的智能优势，对教学中存在的问题进行解决等。

1. 借助网络课程资源合理设计教学内容

教师必须具备相应的资源整合能力以设计教学内容。这种能力主要涉及资源的甄别、整合和运用三方面：资源甄别能力，即教师可以在大量的资料中剔除无关资料，并做出价值评估，如资料的好坏、真伪等，最后选出课堂上所需的新资料。资源综合能力，即教师可以将其他人的资料加以改造、加工、整合，从而形成一种为自己个性化课堂所需的新资料。一个资源整合能力较强的老师，可以在分类、甄别其他资料的基础上，汲取优势，并将之整合到自身资源构建框架和系统当中，为自身的教学服务。网络资源运用能力，即教师可以把教学资源用在创造教育情景、化解教育困惑、提供演练平台、检验课堂教学等方面的能力。而整合教学资源的主要目的是设计教学内容，合理设计教学内容既是教学中资源价值的主要实现渠道，又是资源整合的重要航标。

2. 利用互联网技术革新教学模式

以互联网为核心的现代信息技术与教学的深度融合，使得教学模式发生了深刻的变化，主要体现在教学内容、教学手段、教学时间及教学评价等方面，同样地对教师的教学能力要求也发生了相应的变化。互联网时代下的新型教学模式更突出以学生为中心的发展理念，为了每一位学生的学习和发展。为贯彻以学生为主体，以教师为主导的教学理念，充分发挥学生学习的积极主动性，教师要做到根据教学目标、教学对象、教学内容的特点选择恰当的教学方式，同时能够结合互联网信息技术创新教学方法，合理运用探究式、讨论式、合作学习、混合式、项目式等教学方法，实施翻转课堂、对分课堂、1∶1教学等新型教学模式，让学生真正处于课堂的中心。

同样地，互联网技术也革新了教学评价，有助于教师更好地进行教学反思。互联网环境下教师可以通过教学平台，借助云计算、大数据等新兴技术或者通过计算机、多媒体等实时监控，并全面记录自己的课堂教学过程。互联网技术可以依据每位教师在教学过程中教学目标的达成情况、教学实施情况、学生的学习效果等数据为每位教师生成数据画像，形成教师个体的教学报告，基于数据分析的全过程教学报告可以帮助教师多维度、多层次地反思教学，发现自己在教学中的不足之处，有助于改进教学，提升教学效果。

（三）教学调控能力

互联网环境下教师的教学调控能力是指在互联网环境下教师在课程实施阶段的能力要求，包括利用大数据反馈教学信息的能力、根据反馈信息调控教学进程的能力。

1. 利用大数据反馈教学信息的能力

教师可以利用线上教学平台或者教学软件的功能，借助大数据和云计算等信息技术及时收集、统计、分析学生的作业情况，及时掌握学生的学习情况。而传统的书面作业检查方式主要是教师批改查阅，效率低，而且对于一些口头作业、实际操作类型的作业，教师无法及时有效地进行查验。但借助互联网时代的互联网、大数据、云计算等网络技术，教师只需要在教学平台设置反馈时间及反馈形式，学生在一定时间段内上传照片、视频或者音频即可，如此教师可以及时获得学生关于教学的真实准确的反馈信息。

2. 根据反馈信息调控教学进程的能力

根据上一步利用教学平台及大数据收集到的学生的教学反馈信息，教师可以快速、准确地掌握学生的学习情况，这样就对接下来的教学调控提供了依据。调控教学进程的能力包括以下几个方面：适时地调整教学内容使学生更适应教学过程；适当地变动教学程序让学生更好地掌握学习内容；合理地调整教学方法，可以依据学生的具体反馈信息采取启发式教学、问答式教学等方式，以调动学生的积极性；还可以调整现代化教学技术的运用情况，运用 Flash、希沃白板等结合动画设计教学课件或者教学视频。总之，调整教学进程的目的就是更好地让学生接受学习内容，达到预期的课堂教学效果。

二、实践教学能力

实践教学能力是教学能力的一部分，对于职业院校而言，教师的实践教学能力更为重要。职业教育教师的实践教学能力与实践教学具体活动或任务之间存在密切内在逻辑，换句话说，实践教学能力需要在具体的教学活动中得以体现。《远距离开放教育词典》将实践教学定义为，"通过实践活动完成一定教学任务的教学环节。如学生在教师的指导下，进行实验、实习、社会专题调查、课程设计、毕业设计（毕业论文）等均属于实践教学的内容。这种形式的教学，有利于培养学生的实际操作能力（技能、技巧）。同时，也有助于学生分析、综合能力的训练，从而使其能更好地将理论与实践有机地结合起来，对其今后所从事的工作大有好处"。还有学者从不同的角度对实践教学能力进行了界定，就教师自身来讲，实践教学能力就是在具体的教学活动中所表现出的，可以对教学过程和教学效果产生直接影响的能力综合体，并根据教学流程，将其细化为教学设计能力、教学组织能力、教学反思能力、教学研究能力等。这种观点相对客观全面，但并未突出专业教师的特色，也就是说，这一概念可以通用于所有教师实践教学能力的界定上。

通过借鉴前人的研究成果与观点，实践教学能力就是可以高效完成实践教学的必备能力，并体现在具体的教学活动与任务中。具体来讲，教师首先要具备扎实的专业理论基础，并能够将理论与实际进行有机结合，充分展示专业技术与技能，让学生在高效掌握专业知识与技能的同时，养成独立解决问题的能力，以及创新创造能力。

三、科研创新能力

科研创新能力是指教师在研究问题时，能够从不同的角度发现问题、运用不同的方法解决问题，能够打破思维定式，灵活多变，独辟蹊径，对新的情境能够随时调整方案和策略的能力。因此，根据创新的内涵，进一步将科研创新能力划分为批判能力、反思能力、变通能力，并将此能力命名为教育科研创新能力。

发现问题与提出问题的能力指教师在日常教育教学中，在纷繁复杂的实际问题中，发现潜在的具有研究意义和价值的问题，并能够将发现的问题凝练成自身研究课题的能力。主要包括准确的捕捉能力及根据自身的能力条件发展成研究问题的能力。

研究从发现问题开始，这是教育科研过程中不可或缺的能力。研究方案设计能力指职业教育教师确定研究课题之后，对研究课题进行研究方案的设计，是研究正式开始前展开的总体谋划。它规定了研究各部分的具体内容及研究进程，为正式研究的开展指引方向。若职业教育教师缺乏这方面的能力，对具体研究工作没有明确的规划与系统的安排，会直接影响教育科研的具体实施。

资料搜集与处理能力指职业教育教师能够根据研究问题搜集资料，并对研究资料进行筛选、整合、归纳的能力。教育科学研究建立在前人研究的基础之上，对于研究主题，无论是了解前人的研究现状，还是未来的研究趋势，又或者是自身的科研过程，每一个步骤都需要丰富的科研资料做支撑。若资料搜集能力缺乏，会导致教育科研过程的科学性及研究结果的有效性及真实性缺乏。

研究方法选用能力包括研究方法的确定及运用能力，指职业教育教师根据研究选题及自身能力确定研究的方法，熟练运用研究方法展开研究的能力。由于以上几种能力都是落实科研具体实践过程的能力，因此将发现与提出问题能力、研究方案设计能力、资料搜集与处理能力、研究方法选用能力归纳为教育科研实践能力。

在经过一系列的研究之后，有必要整理数据，将研究结果进行总结并由一定的方式表述出来，经调研发现职业教育教师大部分以论文的形式来呈现科研成果。项目申报也是教育科研的一项重要能力，课题项目申报是职业教育教师教育科研的重要内容，在一定程度上体现了职业教育教师科研能力的高低。

第三节　当代职业教育教师的素质结构

一、良好的身心素质

（一）健康的人格

职业教育教师的人格，是指教师应具备的优良的情感，以及意志结构、合理的心理学结构、稳定的道德意识和个体内在的行为倾向性。教师人格的科学精神内涵具体表现为科学的信念、科学的方法、科学的态度、科学的道德、科学的能力，弘扬科学的精神；教师人格的时代精神内涵是勇于开拓进取，为社会造就一代技术技能人才；教师人格的职业内涵是德才兼备，以先进的思想教育学生，以科学的方法培育学生，以健康的人格感染学生。榜样的力量是无穷的。职业教育教师必须具有健康、和谐、全面发展的人格，必须具备吸引受教育者并对受教育者实施影响的人格魅力，引导学生朝着健康、和谐、全面的人格方向发展。

（二）良好的情感素质

职业教育教师良好的情感特征对学生具有潜移默化的影响。职业教育教师良好的情感特征主要表现在以下方面。

1. 真诚

一方面，职业教育的教师要真诚地对待学生，以信任、友好的态度成为学生的知心朋友，成为学生将喜、怒、哀、乐愿意向其倾诉的人；另一方面，一旦教师犯了错误，要勇于面对学生，诚恳地承认错误，并迅速改正。

2. 乐观

职业教育教师面对挑战和挫折，不但自己要有乐观的态度，还要以自己的信心、克服困难的勇气、乐观的情绪和坚强的意志去感染学生，增强学生克服困难的勇气。

3. 进取

职业教育教师对于人生目标的不懈追求，对教育教学工作的不懈探求和勇于创新的进取精神，都会对学生产生强烈的影响，激发学生的求知欲，激发学生的探索精神与创新精神，使学生能够顺利地进入未来的职业角色中。

4. 宽容

职业教育的教师，虽要严格要求学生，热情帮助学生改正缺点，但不要过多地责怪学生的过失，要以宽阔的胸怀包容学生。

（三）坚强的意志

意志是一个人能否坚持到底，彻底完成任务的重要保证。职业教育教师应该具备坚强的意志，只有这样才能在困难面前不低头，并以自己的行为感染学生，锻炼学生的坚强意志。

二、良好的知识素质

知识素质是职业教育教师素质的核心。职业教育教师所拥有的知识结构与水平直接影响着教师在教学过程中主导作用的发挥。职业教育教师的知识素质，主要包括三个方面：一是要有精深的专业知识和宽厚的基础知识。只有做到基础知识牢、专业面宽、实践技能精，才能胜任职业教育工作。二是要具有广博的当代科学知识和人文知识。在职业教育教师中，不管是公共文化课教师，还是专业课教师，除了要掌握好专业知识，还要不断地扩大自己的知识面，及时了解有关科学知识的新成就；除掌握企业生产以及本专业的有关信息外，还可以学习一些边缘学科知识，增加知识储备；也要积累与其自身修养发展相适应的人文知识，在继承和创新中汲取营养，不断提高文化修养，进行知识结构的更新，做到科学知识和人文知识的和谐发展，只有这样，才能厚积而薄发，更好地完成教育教学任务，适应现代教育的发展。三是要有职业教育心理学、职业教育学和专业教材教法等教育科学知识。一方面，这些知识可帮助教师树立正确的教育观，了解和掌握职业教育工作的基本规律及教育教学的基本原则和方法，以及具备必要的教育教学技巧；另一方面，掌握了这些知识，可以帮助教师了解学生身心发展的规律，了解提高学生智力、培养学生能力的方法和规律，进而有利于开展职业教育教学改革和科学研究活动。

第四节　当代职业教育教学师资队伍建设目标

一、建设一支师德高尚的教师队伍

职业教育教师是人类灵魂的工程师，应有良好的道德水准和健康的价值观。高尚的师德源自两个方面。

（一）较高的思想政治素质

思想政治素质是一个人的政治态度、政治观点、思想观念、理论素养和道德品质等基本政治品质的总称。职业教育教师的思想政治素质集中体现为具有远大的理想以及正确的世界观、人生观、价值观，爱岗敬业，团结协作，积极进行职业教育教学改革。

（二）较高的职业道德素养

职业道德素养主要包括教师的事业心、职业责任感以及教师的工作态度和工作积极性等。教师的职业道德如何，不仅关系着学生道德水平的高低，也在很大程度上影响着整个社会道德建设的水平。因此，加强教师的职业道德教育是学校精神文明及整个社会精神文明建设的需要，是培养全面发展的社会主义建设者和接班人的需要，也是加强职业教育教师队伍自身建设的需要。

二、建设一支业务水平较高的教师队伍

职业教育教师合理的知识结构，是形成教育能力、科研能力和实践能力的基础。目前职业教育教师应具备的业务素质主要包括以下几个部分：

（一）深厚的专业基础理论和较宽的知识面

实践表明，专业基础理论深厚的教师，适应能力强，能更好地解决教学、科研、实践工作中出现的新问题。当代知识总量急剧增长，知识更新的周期不断缩短，而基础理论知识却是相对稳定的，有的是长久不变的，它对教师的工作及进修提高的影响是长期的。专业基础理论深厚、知识面较宽的教师有较大的创新潜力，学术思想活跃，专业知识学习能力较强。

（二）相关学科的基本知识

作为职业院校的教师，知识面不仅要宽，而且要深入、精通，同时还应熟悉与本学科有密切关系的相关学科的基本知识。因为当今科学技术的发展呈现出信息化、群体化、知识与技术密集化趋势，学科发展具有横向关联性、交叉性和综合性的特点，新学科不断出现。新学科的产生对教师提出了新要求，因为职业教育的根本目标是满足社会需求，社会需要什么专业，学校就开设什么专业，因而更需要教师掌握相关学科的基本知识。因此，职业教育教师应具备的知识不仅要专，而且要博和新。教师知识渊博才能使教学内容丰富多彩，讲课才能生动活泼，才能使学生融会贯通、举一反三，为其参加工作打下基础。

第五节　当代职业教育教学师资队伍建设策略

一、注重教师职业素养的提升

职业院校的学生来源广泛，其共性就是学习成绩相对较差，学生没有明确的学习目标和清晰的职业生涯规划，不理解职业院校学习的重要性，上课不学习、玩手机、睡觉者比比皆是，同时绝大多数家长对学生的关注也不足。所以，做好

职业院校学生的教育工作显得任重而道远。

那么作为一名职业院校的教师，要严格按照职业教育教学的要求，持续加强自身建设，立足立德树人的根本任务，顺应时代要求，从多方面提高自己，尽快适应校企合作背景下对职业院校教师的要求，培养出大批优秀的技术技能型人才。

（一）提高教师职业修养，树立良好师德形象

教师为人师表，其道德品质的高低直接影响学生的道德素养。一是职业教育教师应当不断提升自己的思想道德，给学生树立良好的道德风范，用自己的一言一行潜移默化影响学生，让学生去感受教师的智慧美、风度美、人格美、境界美。二是做一名职业教育教师，在生活处世、工作事业、服饰穿着等方面，要与时俱进，符合企业工作要求。这样才能帮助学生树立正确的职业价值观。三是教师要热爱教育事业，舍得花时间去思考、去感悟、去开拓；要舍得花精力去做有意义、有价值、有情趣的事情；要舍得投入财力去购置书籍、器材、设备，去武装自己、提升自己。

（二）转变教育教学观念，积极参与实践学习

职业教育教师应不断提高自身理论联系实际的能力，达到校企协同育人的要求，达到新形势下职业教育对教师特殊的要求，明确职业教育为谁培养人、培养什么样的人、怎么培养人的关键问题。教师个体肩负着为我国社会主义现代化建设"立德树人"的使命，应强化自身的责任意识。职业教育教师应该对自身的教师角色进行真正的认可和理解，同时从内心深处接受自己的教师角色，积极主动地参与上级教育部门、学校和所在部门提供的培训学习活动，持续不断地提升自身的综合能力，为职业院校师资队伍的建设做出个人应有的贡献。为此，职业院校的教师，应该更新传统教育教学的观念和手段，应更加注重理论联系实践，重视培养学生理论联系实际的能力。

（三）明确教师工作目标，争做合格职业导师

实施职业教育必须贯彻国家的教育方针，对受教育者进行职业道德教育和思想政治教育，进行职业指导，传授职业知识，培养职业技能。从职业院校的职业教育任务和人才培养目标层面来说，在产教融合、校企合作背景下，职业教育要培养一批既掌握基础专业知识又有一定的实际操作能力的学生，培养一批行业和企业所需要的能工巧匠。

所以，职业院校的教师更应该积极主动地参与企业实践与培训，全面认识和了解企业生产实践的过程，只有这样，才能很好地指导学生提升实践能力。特别

是一些动手能力极强的专业，如汽车检修类、机电机械类、计算机类、物流管理类、艺术设计类、智能制造等相关专业群，在掌握基础理论知识的情况下，三分之二的时间都应用于实践操作教学方面，加强学生动手操作能力的培养。所以，职业院校的教师更应该加强自身生产实践能力的锻炼，通过多方渠道不断提升自身的职业素养，积极主动参与到相关企业的生产实践中去，适应真实的企业管理、生产、销售、售后的相关环节的岗位要求，达到企业工程师、能工巧匠、业务精英等标准。只有使自身能力达到职业教育教学的标准和要求才能有底气、有信心完成职业院校的育人工作任务，培养出社会和企业需要的技术技能复合型人才。

二、探索职业教育教学的模式

基于校企合作对职业教育教学的影响和要求，职业院校在师资队伍建设过程中，务必加强创新创业、生产实践方面与专业教育的融合，积极主动提升职业教育管理队伍水平。

（一）加强教师队伍多元化的知识体系建设

1. 生产实践与专业知识融合

职业教育更加注重生产实践技能的教育，师资队伍也更应该在这方面加强。基于此种考虑，在专业教师生产实践能力达到标准的前提下，首先应该组织教师开发既适合各专业特色，又满足真实生产实践场景需要的课程，将生产实践与专业知识进行融合，并在相关课程中充分体现，打造与社会企业真正接轨的职业院校师资队伍。

2. 专业教育符合行业产业发展趋势

把握本专业对应行业产业实际发展情况与趋势，进而才可以通过创新方法抓住创业商机，通过创业获得成功体验。创新创业人才培养工作应该紧密结合专业知识开展，应该充分了解产业发展、区域经济建设所需求的先进知识，严格遵循产教融合与校企合作原则，对专业业务进行充分掌握，以此为基础，将创新创业知识结构与专业课程进行融合，做好职业教育教学组织活动。

（二）注重教师队伍多元化的能力结构锻炼

1. 理论与实际联系能力的锻炼

职业院校层次教育，在掌握一定基础理论的前提下，更多强调学生的动手操作能力和使用能力，而不是理论研究的能力。所以，根据培养学生能力的具体要求，教师队伍也应该注重锻炼和提高自身理论与现实的联系能力，在工作与生活中可以灵活、科学地应用实践知识与理论知识，进而实现学以致用的教育目标。

2.思维逻辑能力的锻炼

只有教师的思维能力得到充分发展，才能够使其在工作中具有创新意识，不断提高自身理解和掌握新知识、新事物、新技能的能力，进而可以将更多的知识、高超的技术技能，以合理的方式、科学的形式传授给自己的学生。

三、完善职业院校人才引进机制

（一）建立人才引进计划论证机制

建立人才引进计划论证机制，加强职业院校高层次人才队伍建设，在对职业院校高层次人才界定的基础上，进行科学合理的又极具前瞻性的高层次人才引进计划。在进行此项工作时，引进计划要与学校发展的总目标、总规划相符合，同时要根据本校办学特色，用长远的战略眼光来不断优化职业院校的整体师资队伍，从而使人才引进计划更具科学性与合理性。

进行人才引进计划要通过不同的途径进行，学校还要加大宣传的力度。如可以围绕学校的办学思想与理念、长远目标及相关优惠政策，让更多优秀的高等人才加入学校的建设中来。为了拓展更多的专业以及领域，职业院校要采取主动出击的策略，组织力量深入高校进行挖人才挖掘，将那些理论精湛而又经验多的高层次人才收到自己的麾下。与此同时，还要走向国外，充分利用国外人才市场的优势来提升自身的专业水平。此外，还应吸收一些从教育机构等单位已经退休的高层次人才加入学校中来。这些人在专业技能、教学水平以及科研等方面拥有很强的实力，可以对中青年教师起到很好的传帮带的作用，进一步加快青年教师成长的速度。

（二）健全薪资福利水平动态调整机制

针对职业院校在人才引进工作中面临的困境，政府有关部门要加强宏观调控，给予政策支持。职业院校在人才引进时要具有战略性的眼光，多渠道、全方位地进行人才的选用。此外，还应进一步创新人才聘用的机制，进一步拓宽高层次人才聘用的渠道。

由于职业院校在薪酬制度上存在着很大的随意性，出现了同级别同类型的院校薪酬制度不同的情况。为此，办职业学校要进一步调整工作思路，不断加大员工工资薪酬方面的投入力度，从而使更多的优秀人才愿意留下来。同时在紧缺的专业人才需求中，职业院校需要加强在资金方面的倾斜。其中，薪酬制度还应包括成就薪酬、绩效薪酬以及职务晋升带来的薪酬增长等。

（三）完善高层次人才引进风险防范机制

高层次人才的引进工作已经成为职业院校提升教学科研能力，促进学校快速发展的重要手段。但人才引进工作受到多方面因素的影响，存在着人才引进和管理方面的风险，对学校的发展具有重大影响。职业院校要结合自身的发展需求和实际情况，突出特色和重点学科，制定科学高效的高层次人才引进计划，对引进人才的数量、人才学术水平、人才的研究领域等方面进行科学的配置，形成完善的人才需求分析，并制定科学的调控机制，结合目标人才的实际情况，制定合理的引进策略，使引进的人才能够符合学校的人才需求，为引进工作的高效开展提供坚实的基础和科学的指导。对人才引进和管理工作要制定合理的预算机制，充分考虑学校的实际经济情况，积极争取各级政府和管理部门的政策资金支持，为人才引进提供资金支持。对人才的引进成本进行科学的规划，制定合理的标准，在充分考虑人才引进计划和人才需求的前提下，有效节省不必要的资金支出，增大对人才引进的投入，从根本上提升学校对高层次人才的吸引力。

四、组建一支"双师型"教师队伍

（一）政府层面

优化职业院校的教师结构，提升师资队伍的质量，政府作为社会经济发展的领导者、社会制度的规划者，通过制定和完善相关制度措施来保障教师队伍的建设是其不可推卸的责任和义务。

1. 加快制定"双师"认定政策

目前，还没有明确的文件对"双师型"教师的内涵进行准确的界定，但相关政策文件中对职业院校专业课教师提出了具体的要求：具备三年以上行业或者企业的工作经历，同时还要拥有教师资格证和非师范系列的技能证书或执业资格证书，具有高职以上学历，具备相应学科的教育教学能力和实践能力。

"双师型"教师不仅应当符合上述要求，更要具备对新知识的构建和应用能力，"双师型"教师不只是一个结果，而是一个教师不断专业化发展的过程，因此，政府要加快对"双师型"教师内涵的解释，保证教师队伍质量。

加快建立统一的"双师型"认定标准。规范统一的标准起着指导行业前进的重要作用，制定统一的认定标准，对保障双师型教师队伍的质量有着重要作用。

目前，我国只是出台了对于职业教师标准的总体方案，适用于职业教育的所有教师，对"双师型"的认定标准未细化具体化，因此，在实际评定工作中，一些学校为了完成政府规定的"双师型"教师比例，认为拥有"双证"就能评为"双师"，这影响了整个"双师型"队伍的质量。

另外，对于已经评定为"双师"的教师也不是一劳永逸的，应该建立"双师型"教师分级标准，运用"科学分级，逐级认定"的方法，将"双师型"教师进行等级划分，并配合相关的等级管理措施，激励"双师型"教师成长。例如，可以借助职称等级划分，将"双师型"分为高级素质"双师型"教师、中级素质"双师型"教师、初级素质"双师型"教师，这样的等级设置也体现出素质水平的高低和群体之间的差异性，形成有效的对比机制，有助于双师型教师队伍的良性发展。

2. 完善顶层设计

（1）健全标准体系

①"双师型"教师认定评定标准。在职业院校产教融合的背景下，"双师型"教师是职业院校办学的灵魂，是师资队伍的核心，为学校人才培养、技术研发和社会服务提供强有力的人才支撑。国家政策和文件对"双师型"教师的内涵和认定标准做出过多次修改，从"双师型"转为"双师素质"，认定上也从最初的双职称、双能力和双证书等单一评定标准转为多元评定标准，但是"双师型"教师的认定尚未形成固定标准，不论是产教融合政策的持续推进，还是职业院校师资队伍的建设，在实施的过程中都迫切需要制定可执行、可操作的"双师型"教师认定标准。为了尽快适应经济发展方式的转变和现代产业体系的建设，"双师型"教师认定标准应当紧扣科学理论和生产技术，既是持有"双证书"和具备"双能力"的能力之师，又是能够促进个人全面发展并与职业相匹配的复合型素质之师。

②兼职教师入职标准。行业企业兼职教师入职标准是职业院校师资队伍建设的基本依据，是职业院校引进行业企业人才的主要依据，更是教师管理的重要依据和教师自身专业发展的基本依据。基于职业院校专职教师和兼职教师性质的差异，教师的入职标准也不应一概而论，所以政府制定针对性的政策和专业标准是十分有必要的。职业院校的行业企业兼职教师应保证其从教资格，首先应保证具有相应的教师资格证书，对于没有教师资格证书但是专业技能突出的兼职教师，应该制定针对性的入职标准，如完成一定课时的教育学和心理学相关培训课程后予以入职。

③专业教师技能标准。专业教师技能标准的确立影响着职业院校教师引进的质量水平，是职业院校师资队伍建设的重要依据。因此，应明确专业教师的技能

标准，保证专业教师的素质和能力，从源头保障职业院校师资队伍的质量和水平。政府要积极组织教育行政部门、行业企业和职业院校尽快制定专业教师技能标准，让专业教师技能考核制度有迹可循。针对专业教师重理论和实践经验不足的问题，在专业教师技能等级认定时，加入实践技能的考察，调整或者取消仅通过理论学习即可获得专业相关证书。另外，针对专业教师技能实施定期考核和现场考核机制，可以由企业技术人员和"双师型"骨干教师组成考核小组进行考核。

（2）完善制度设计

宽松、良好的外部环境是职业院校师资队伍建设不可缺少的条件，从目前的政策环境来看，虽然国家以法律形式对职业院校教师的有关问题做出了规定，但是由于配套政策和管理机制滞后，不利于顺利构建优秀的师资队伍，许多职业院校教师的外部管理都处于无序状态，亟待完善。

①建立职业院校竞争机制。政府可以通过政策促进职业院校师资队伍之间的竞争，创新职业院校、政府和社会力量共同作为投资主体的多元供给方式，针对优质的职业院校，政府应给予更多的政策扶持，加强对优质高效师资队伍的经费投入和政策扶持力度，提供物质条件刺激教师更好地发展，对于不合格的职业院校，相应地减轻政策扶持力度，引导职业院校自觉维护教职工的权益，引导办学用稳定的师资树立学校品牌，靠学生质量取得市场竞争优势。职业院校之间的良性竞争有利于优化职业教育发展生态，发挥"鲇鱼效应"，增加教师队伍发展动能，形成相互竞争、共同发展的良好机制，促进职业院校师资队伍水平的提高。

②健全职业院校教师流通机制。对于职业院校师资队伍的"逆流动"问题，需要依靠政府政策的调整和倾斜，健全教师流通机制，促进师资队伍的合理流动和公平竞争。按需设岗，依据给定名额和院校实际由专业部门向社会统一发布岗位信息，公开选聘，通过教育部门组织专家对教师进行遴选评定，规范教师流通流程，严格实施过程，帮助职业院校解决教师招聘过程中无规划、无标准、无考核和无牵头部门的"四无"问题，为其提供制度性和可操作性的参考。

③完善职业院校师资队伍保障机制。政府层面要加强重视，着力解决好职业院校师资队伍之间不和谐的问题，完善政府层面的制度设计，切实制定有利于职业院校教师的福利政策，健全保障机制，政策上增强职业院校对优秀教师的吸引力，提升教师的工作动力和职业归属感，这是师资队伍建设的重要保障。政府应尽可能地完善职业院校的保障机制，如协助职业院校解决教职工户口、职称评定、医疗和养老保险问题，通过省级层面出台文件为职业院校选聘教师，对教师福利待遇进行约定，解决政府层面制度供给缺失问题。

（二）社会层面

1. 营造良好的社会环境，提升教师的社会地位

在经济全球化发展的背景下，对于人才的需求也多样化，特别是技能型人才，近年来，职业教育不断扩招，也体现了社会对于技能型人才的需求量变大，政府对于技能人才培养的重视。职业教育长期以来受"唯学历论"的影响及近年来对于高学历党的追捧，导致社会对职业教育的认可度偏低，认为只有成绩较差、综合素质相对薄弱的学生才会去职业学校读书。这种偏颇的认知导致职业教育的社会地位不高，不利于职业教育的发展，因此，应当引导社会形成对于职业教育的正确认知。

在社会对职业教育认知的过程中，政府发挥着重要引领作用。习近平总书记在2015年五一劳动节暨全国劳动模范和先进工作者表彰大会上高度地肯定了劳动者在经济发展过程中发挥的巨大作用，也高度肯定了职业教育为经济建设的发展提供了大批的劳动者和技能人才，是经济发展的重要动能。国家对职业教育的重视和肯定，一定程度上扭转了大众对于职业教育的偏见，也提升了职业教育教师的社会地位和认可度。

2. 建立校企双向流动培训机制

教育部早就颁布了相关规定，明确规定职业院校教师必须定期到企业进行实践，国家也加快了教师培养基地的建设步伐，也制定了优惠政策，鼓励教师去企业进行实践，保障教师培训的质量，提升职业教育教师的专业技能，因此，校企合作培养师资是提升职业院校师资队伍质量的重要方式。通过对相关数据资料的分析可知，在我国校企合作的模式主要包括合作共建模式和实践培养模式。合作共建模式是指以校企双方共建的项目为载体，推动教师实践能力的发展；实践培养模式主要通过教师到企业顶岗、挂职锻炼等方式提升专业实践能力。但实际运行中，这几种模式都存在着一些问题。

首先，政府要加快顶层设计，成立专项独立机构，推动校企合作，制定激励优惠政策，调动企业参与校企合作的积极性，对于校企合作中融合度较高的学校和企业提出表彰并进行示范推广；加快权责分明机制的建立，明确校企双方的职责，推动校企合作共享平台的建立，保障校企合作的长远良性发展。

其次，建立校企合作共享平台，企业将所需要的专业和人才目录公布在平台上，学校将具有高级技能的人才和技术骨干的相关信息公布在共享平台上，双方在符合条件的情况下，自主选择。

最后，创建校企合作绿色通道，提升校企之间人才的流动性。职业院校要主

动邀请企业技术骨干到校开办讲座，传授行业知识和行业技能；建立教师到企业实践培训管理制度，保证培训的效果。企业主动推进和学校教师骨干的科研合作，帮助其攻克技术难关。校企合作的融合离不开政府、学校、企业三方主体的共同努力，在政府部门的指导下，加强校企合作，实现合作共赢。

（三）学校层面

1. 完善教师招聘策略

（1）完善教师准入机制

严格"进入"程序，对于学校新招聘教师一律采取面向社会公开招聘的模式，完善教师准入制度。新入职教师除了要有教师资格证以外，还要满足学校招聘对学历、工作经验、专业等的要求。此外，对于一些特殊的、急缺的人才，可以考虑通过直接考核招聘的方式进行。但是，仍要经过学校人事部和用人部门的把关。

（2）优化教师招聘流程

对于教师聘请制度进行进一步优化，采取相关措施加以完善，这样就能达到促进队伍管理运作规范化的效果。例如，对兼职教师进行招聘时，必须严格执行相关流程，首先按照教学需要择优选择预备人员，而后通过教务部门以及人事部门进行进一步审核，同时也要对于各系部加强联系，针对拟聘教师做出综合考核。最后由学校院长进行最终审核，并向审核通过的教师颁发聘用书，签订就业协议。通过教师招聘的规范化和专业化操作严格把好教师入职关，提高新入职教师的综合素养。

（3）拓展教师招聘渠道

学校外聘高级教师的目的就是为在校学生提供更好的师资条件和教学资源，但基本都是局限于所在地及其周边地区，从这一点来看，教师招聘渠道有点窄，更应该放眼于全国，也就是在全国范围内高薪聘请学校所涉专业的教育教学人才。因此，学校应积极拓展教师招聘渠道，从两方面着手加大教师招聘力度：一方面立足周边地区的教师资源市场，充分挖掘优秀教师资源，在挖掘本地人才、发挥本地人才优势力量的同时，有效提升学校的教学能力与师资力量；另一方面加大对外的教师招聘力度，以引进国内优秀教师资源为目标，在为其提供充分保障的基础上，给予其一定幅度的补助、奖励等，既要实现留住人才，还要为其提供发挥潜力的空间和平台，从而为学校实现长久发展和培养更多专业技术人才提供充实的保障。

2. 完善教师培训策略

在对现阶段职业院校所实行的新入职"双师型"教师培训体系中存在的各种不足之处进行深入总结的基础上，提出进一步改进与完善新入职教师培训的策略。

优化新入职"双师型"教师的培训工作,以此充分调动"双师型"教师的工作积极性,这对培训目标的实现具有非常关键的指导意义。

(1)加强对"双师型"教师入职培训体系的完善

①制定校级保障性策略。职业院校应该结合学校当前师资的具体情况和新入职教师的基本特点,制定校级新入职教师培训实施与管理策略,其中主要包括两个方面,一方面,形成学校管理文件,明确内部组织结构、指导思想、教育目标、实施步骤和确保措施等;另一方面,形成切实可行的实施方案,明确主体、内容、期限、形式、人才管理方法及考核方式等。

②构建与"双师型"特点相符的制度。科学地构建与新入职教师培训相配套的制度,如《新入职"双师型"教师培训制度》《"双师型"教师实践制度》等,以此确保"双师型"教师的各项行动都有制度可以遵循,有目标所指导,以此充分发挥"双师型"教师的潜能,促使其可以积极地展示自我和提高自我。

③加大保障经费的投入。为了保证年度培训计划和各项培训制度能够得以全面执行,职业院校必须继续增加对新入职"双师型"教师培训的经济投入,适当地提高每位新入职教师的培训经费标准,并做到专款专用,尽可能地解决新入职教师因为参与培训而产生的经济方面的负担。同时针对利用个人休息时间在相关企业挂职或者参与职业资格培训和考试的新教师提供适当的经济补贴,以此促使新入职的教师热情地投入工作中。

(2)深入分析新入职教师的职业生涯发展需要

若想从根源上弥补以往新入职"双师型"教师培训工作中存在的吸引力不够、针对性不强以及有效性较弱等不足之处,就需要加强对新入职教师的职业生涯发展需要的了解,以此为依据开展培训工作。

①分析院校的具体需求。针对职业院校在资源方面存在的劣势和优势、培训教育目标以及其中存在的难点等进行仔细分析,从总体的角度树立正确的培训理念,促使培训计划与院校发展目标和整体战略更加相符。

②分析教学的具体需求。针对新入职"双师型"教师培训工作的任务与目标进行分析,以此充分发挥培训工作自身的重要作用,明确培训的重点内容,其中主要包括职业认知、规章制度、职业技能等。

③分析人员的具体需求。综合考虑教师的引进途径,对于从高校引进的应届毕业生需要对其展开"全面培训",对于从产业企业引进的人才需要对其展开"教育教学能力培训"。

（3）保证新入职教师培训体系的科学性

①确保新入职"双师型"教师培训计划的科学性。每年要根据新教师的设计情况，制定新教师培训计划，建立培训责任制，全面落实培训任务，明确培训工作分工，对新教师提供培训计划，使其充分了解培训计划，确保提前做好准备。

②科学地设计"双师型"教师培训的具体内容。对新教师的培训需求进行调研，结合培训教育的重难点以及主要目标，促进教师的专业发展，在设计培训内容时，一定要重点突出实践的重要性。

3. 完善教师考核策略

（1）完善绩效考核体系

绩效考核制度和薪酬方面往往是教师最关心的，因为考核结果往往与最后教师所得的薪酬、奖励等密切相关。因此，学校应有效地改进目前的绩效考核制度，因为这是一个教师队伍能否壮大以及团结稳定的关键。

首先，要扩大考核的主体。除了内部进行考核评估以外，学校还要积极促进学校之间的考评。学校考核的对象主要包括学生、同事和校内各领导。学生是学校的主体部分。一堂课的呈现效果如何，是学生们最直观的感受。所以学生应当是教师考核制度中评价的主要参与者。学校的同事们就教学内容、教学方法、课程检查、教室设计等发表意见，可以更专业地看待老师的能力与存在的问题。校内领导主要是负责监督组织的工作。这三方将成为教师考绩标准的评估者。在日常的教学工作中也应该注重完善和监督听课制度，将日常的评价记录与考核评价相结合，更能体现其公平性。学校之间考评的主体就是学校聘请的同类型相关学校的教师和相关人员（学生考评暂列入），主要对学校教师的教学质量或者专业领域的技术水平进行相对的考核。

其次，完善考核办法。校内学生考核主要从教师的教学质量、师德师风建设等方面进行，考核周期可以安排每学期一次；学校同事考核主要对教师的教学方法、教学能力等专业性进行考核，考核周期可以为每学期一次；学校领导（主要指人力资源部门等绩效考核人员）在结合学生和同事考核结果的基础上，以半年考核、年终考核两种形式考察教师。校间考核：同类型相关学校的教师和相关人员对学校执教教师进行有针对性的考核，对包括教学方法、教案以及有关教学能力方面在内的事项进行科学、公正的考评。

（2）建立绩效考核沟通机制

绩效考核的目的就是最大化激发员工的积极性与主观能动性，从而在实现自我价值的同时，为组织创造更大的经济效益。但这只是单纯地从企业的角度谈及实行绩效考核的目的与初衷，并没有从员工的角度阐述其对企业实施绩效考核的真正意义。

两者之间对于绩效考核的观点各执一词，最关键的就是双方就绩效考核进行公平合理、科学有效的沟通，或是缺乏相应的沟通机制。而为了提高职业学校教师的积极性与责任意识，学校领导、绩效考核部门、教师三方不仅要就绩效考核指标的制定进行相应的研究，还要就绩效考核中间过程及结果的应用等相关方面内容进行深入的探讨，从而使学校各个岗位的教师都能各司其职，既要强调教师担负自己应尽的职责，充分发挥自身的才能，还要有效引导和鼓励教师参与绩效考核过程，以实现自我能力的不断提升。

另外，职业院校建立健全绩效考核沟通机制，也为学校绩效考核部门及其实施的相关措施进行及时有效的改进，提供了良好的基础。在有效的沟通交流中，被考核的教师一方面就考核人员存在的问题与不足，可提出一些有建设性的意见和建议，另一方面就考核管理办法和措施存在的不科学、不合理之处，及时提出科学有效的改善建议，以不断完善教师绩效考核办法，从而有效提升职业院校教师绩效考核的质效，进而全面提升职业院校教师队伍建设水平。

（3）重视绩效考核结果的应用

考核结果的应用十分重要。职业院校可以将教师绩效考核结果和优秀教师评选结合，以考核结果为基础选取优秀教师。对于连续多次考核优秀的员工应考虑纳入年度优秀教师评选名单中，对于连续多次考核结果不合格的教师，则直接取消其优秀教师评选资格。对于一些表现突出的教师还应加强对其的表彰。

同时，在干部任用制度方面，考核结果的运用也是必不可少的，将二者紧密联系在一起，是干部问责制度的依据。按照考核结果，连续两年取得优秀等级成绩的相应部门，领导会优先放入提拔考虑范围内；而针对连续两年处于较差评价水平的部门，领导追究连带责任，做出相应处理。除此以外，将考核结果作为依据及时反馈给教师个人，能够达到促进员工能力提升的效果，为其能力发展指明方向，在考核结果的基础之上，指导教师应该对于多种学习途径进行利用，以弥补自身存在的不足。

4. 完善教师评价制度

构建公平有效的教师评价机制，有利于合理配置教师资源，是深化职业院校教师队伍建设改革的关键，也是评估学科发展能力的重要参考。

首先，应树立发展性教师评价观，邀请教师在制定教师评价制度的过程中积极参与和互动。教师有权参与到教室评价标准制定的过程中去，以便于根据自身情况制定科学合理的教师评价制度，标准制定者可以采取自上而下和自下而上的方式，向教师征求标准制定和修改意见，与教师充分沟通确定该标准，通过后再最终颁布，这有利于提高教师评价标准的科学性和有效性。

其次，应体现"以学生就业为主导，以市场需求为目标，以学生适应社会的综合职业能力培养为核心"的职业教育改革与发展方向和特点，职业教育教师评价应强调教育教学工作、专业实践能力、业内认可等方面的评价。

再次，将教师自评、教师互评、学生评价和校领导评价等多种评价方式相结合，实现对教师客观公正的评价。教师自我评价是指教师自己作为对自己教学表现的评价主体来对自己的表现进行评分，这有助于提高教师的主观能动性，体现教师评价激励的民主性，是教师评价中不可缺少的重要一环。教师互评是指教师在学校里是一个团队，教学任务不可能由一名教师独自完成，教师之间是需要相互合作的，因此，教师群体作为评价主体更能真实反映教师的工作，但是其评价的客观性受到教师群体之间人际关系的影响。学生评价是指学生作为受教育的主体，能够反映教师的教育教学情况及其接受程度，以班级为基础的学生总体评价会为教师的评价提供一定的参考依据。学校领导评价是指学校领导能够站在更加公平公正的角度对教师进行评价，因为学校领导除了对教师教学事务进行评价外，还对学校的总体规划和发展进程深入研究，对教师评价有一定的促进作用。

最后，教师评价的内容分为综合性评价和动态性评价。综合性评价是指职业院校现有的教师评价体系，分为七个方面：教师政治思想、师德修养、教学绩效、专业能力、教研成果、继续教育和人才培养。综合性评价是职业院校对教师的综合素质、能力和绩效进行的综合评价；动态性评价是在综合评价的基础上引入过程评价的思维方式，旨在对教师的工作进行更加全面、公正的评价。其主要内容包括教师教学的课堂效果（可以通过学生的课堂积极性和作业反馈来考察）、学生综合得分（指一个考核周期内一个班级学生所有考试的综合得分）检验学校的贡献价值（如奖项、成功申请项目、学生毕业等）。综合评价和动态评价按一定比例分布，多维的评价内容可以促进教师的发展。

5. 推行"双师型"教师结对制度

新教师被雇用后将不可避免地变得不合适，并且在教学过程中将存在许多问题。这时，教师结对系统具有很好的效果。所谓的教师结对制度是将新聘教师与在学校有教学经验的老教师结合起来的制度，充分发挥了老教师在发展新教师中的作用。

（1）推行结对方式民主化、多样化

目前普遍采用的教师结对方式是"一配一"，该方式更加有助于精力集中地做出指导，但是从其他层面来看，新入职的教师仅可以学习到一位教师教授的方法，风格较为单一，教师所得到的指导也就较为有限。新入职教师需要通过培训学习到更多教学方法和教学风格，并在不断地摸索中，将其内化成自身的风格。这就需要在原有的结对方式基础上将"一配多"这一方式引入进来，也就是让多名具有不同风格特点的教师组建成一个团队，以此为新入职教师提供更加全方位的指导，通过集体的力量，从多元化的角度熏陶新入职的教师，进而促使新入职教师及早探寻符合自身情况的成长路径，在这一过程中实施培训的教师也可以得到一定的提高。

除此之外，现阶段教师通常都是采用面对面的方式实施指导。在科技飞速进步的现如今，网络与智能手机已经非常普及，人和人之间可以通过多样化的方式进行交流，像QQ、微信以及电子邮件等。并且还可以通过跨越时空限制的方式进行结对，这样就可以与外校合作，实现跨校结对。

（2）构建多样化的指导内容

现阶段很多职业院校在进行教师结对指导时，内容还停留在过去的技巧指导和经验传授上。然而，教师的专业发展不单单包括这些，同时还包括教学知识结构体系的建立、教学能力的提高和教学情感的生成等。因此，新教师应在现有教学内容的基础上，合理收集知识，提高教学技能，在教学中锻炼和提升；在老教师的支持下塑造正确的三观，根据老教师的专业建议建立正确的教学方法，具备优秀的教学技能。

在设计指导方案时，一定要遵循循序渐进的基本原则，促使新入职的教师逐步适应本职工作，再去更好地提升自我和完善自我，逐步建立起专业发展目标，并不断地进行自我反思与创新。另外，还需要按照教师专业发展的特点与规律，在不同阶段设计不同侧重点的指导内容，以此达到更为理想的教师结对效果。

（3）树立过程意识，对跟踪机制进行创新

职业院校的管理阶层一定要树立过程意识，并构建跟踪监督机制。在制定指导方案时要加强监督与管理，在各个阶段都需要进行总结与汇报，严格把控各个环节，确保教师结对活动可以有效、有序地完成，避免出现"烂尾工程"。

（四）教师层面

1. 增强自我发展意识

教师自主发展是其专业发展的持久性动力。因此，在"双师型"教师队伍质量提升的过程中，首先要深入了解每位教师的内在需求是什么，唤醒教师自我发展的意识。在此基础上，配合相应的外部支持，使教师拥有持久、稳定的自主发展内在驱动力。可以从以下三个方面着手。

（1）树立终身学习观

职业教育的培养目标与市场发展紧密相连，当前科学技术快速发展，职业院校教师职前教育的理论知识和技能知识储备已不足以支撑其终身胜任本职工作。因此，要求职业院校教师把终身学习的理念贯彻到实际工作中，通过不断地学习社会先进技术，积极地参加专业活动，率先掌握新知识、新技能，使得自身素质和能力得以提高，满足学生学习先进知识的需求。

（2）树立教师发展观

要让教师把自己的事业置于全校发展大局之中，以发展的眼光看待自己所从事的职业教育。职业教育的人才培养目标要与未来的市场人才需求相符合，它会随着市场的变化而变化。因此，职业教育必须适应市场的变化，课堂知识要与前沿的专业技术、岗位需求紧密连接。这一性质就要求教师树立发展的教师观，保证职业教育与市场经济发展步伐一致。

（3）树立责任担当意识

明晰职业教育对市场经济和社会建设的重要意义，提高职业院校教师对自身职业的认同感、责任感、使命感，在职业教育改革中找准定位，履行作为教师应尽的职责，切忌把教师这份职业当作一种谋生的手段。

2.落实自我发展行动

要使教师个体综合素质有所提升，只有发展意识，没有发展行动也是枉然。因此，必须落实自我发展行动。职业院校教师要准确定位自身的能力水平，分析存在的短板和不足，做好长期发展的规划。

对于不同能力的教师，要根据实际情况，有侧重地制定发展规划：在理论知识方面，职业院校教师要积极学习教育教学理论知识和专业技术知识，了解国内外职业教育的发展趋势和最新动态，有效整合理论知识的内在联系，构建系统的理论知识并传授给学生；在专业技能方面，职业院校教师要根据自身专业、社会实际条件等特征，寻找实践可能性。职业院校教师应该更加熟练地掌握先进教学技术、教学工具，打破传统的教学方式，用更贴合实际的现代化教学方式，更好地指导学生学习与实践；在科研能力方面，职业院校教师要合理分配工作时间，既要保障基础的教育教学工作，也要投入相应的时间、精力保证科研工作的顺利开展。学校可以定期邀请专家学者做专题讲座，对课题开展进行指导。教师个人也要加强与其他教师的交流，掌握做课题研究的方法，以此来提升自身的教育科研能力。

参考文献

[1] 杨泉良.职业教育原理与教师职前教育改革[M].武汉：华中科技大学出版社，2016.

[2] 陆磊.终身教育与职业教育体系构建[M].北京：中国书籍出版社，2018.

[3] 张健.职业教育集团化办学研究[M].苏州：苏州大学出版社，2018.

[4] 陈惠津,范士龙.教师职业道德与教育法规[M].武汉：华中师范大学出版社，2018.

[5] 闫智勇,吴全全,蒲娇.职业教育教师能力标准的国际比较研究[M].北京：中国致公出版社，2019.

[6] 杨爽.高等职业院校教师制度与青年教师职业发展研究[M].北京：光明日报出版社，2019.

[7] 王晞.新时代职业教育教师队伍专业化建设与发展[M].北京：北京理工大学出版社，2019.

[8] 陈永芳,师慧丽,王路炯.职业教育教学设计理论与案例分析[M].上海：同济大学出版社，2019.

[9] 宋世杰.职业院校教师队伍发展研究[M].长春：吉林人民出版社，2019.

[10] 王云雷.产教融合：中国职业教育发展的关键路径[M].北京：团结出版社，2020.

[11] 陈华.教师职业道德教育[M].广州：中山大学出版社，2020.

[12] 李树陈.现代职业教育理论研究[M].长春：吉林人民出版社，2020.

[13] 王昭君.教师职业道德与教育法律法规[M].长沙：湖南大学出版社，2021.

[14] 杨建基.中国职业教育发展及其治理体系研究[M].北京：中国商务出版社，2021.

[15] 秦凤梅.职业教育产教融合质量评价探索[M].重庆：重庆大学出版社，2021.

［16］黄裕花，董晓.教师文化素养与师资队伍建设[M].长春：吉林文史出版社，2021.

［17］张铮，刘法虎，陈慧.新时代职业教育专业群开发研究与实践[M].武汉：华中科技大学出版社，2021.

［18］占小梅，马树超.我国职业教育经费投入政策发展的阶段性特征[J].职教论坛，2015（04）：19-24.

［19］王迪.信息化时代职业教育教学管理现代化创新发展探索[J].产业与科技论坛，2020，19（20）：280-281.

［20］曹芳.信息化背景下职业教育教学模式改革研究[J].才智，2020（13）：50.

［21］吴超凳.基于信息技术与课程深度融合的职业教育教学改革探析[J].计算机产品与流通，2020（10）：7.

［22］王迪，杨铿锟.现代职业教育教学信息化的实践与思考[J].科技风，2020（05）：225.

［23］周宏敏.智能时代职业教育教学方法改革创新研究[J].西北成人教育学院学报，2021（02）：32-35.

［24］田琳双，唐智彬.论职业核心素养取向的职业教育教学项目开发[J].当代职业教育，2021（02）：98-104.

［25］穆浩渊，张力跃.人的全面发展理论视域下的职业教育教学模式改革探析[J].职业教育，2021，20（02）：3-10.

［26］刘广会.大数据背景下职业教育教学评价研究[J].中国现代教育装备，2021（01）：101-104.

［27］张楠楠.浅谈现代信息技术与职业教育教学的有机融合[J].科学咨询（教育科研），2021（01）：113.